C. A. PRESS

UNA BODA EN HAITÍ

JULIA ÁLVAREZ es la autora de diecinueve libros, incluyendo las aclamadas novelas *How the García Girls Lost Their Accents* (*De cómo las muchachas García perdieron el acento*) y *In the Time of the Butterflies* (*En el tiempo de las mariposas*). Es escritora en residencia de Middlebury College y junto con su esposo, Bill Eichner, fundó Alta Gracia, una finca de café orgánico y programa de voluntarios para la alfabetización y colaboración con proyectos de la comunidad en la República Dominicana, su país de origen.

UNA BODA
EN HAITÍ

HISTORIA DE UNA AMISTAD

Julia Álvarez

C. A. PRESS

Penguin Group (USA), Inc.

C. A. PRESS
Published by the Penguin Group
Penguin Group (USA) Inc., 375 Hudson Street,
New York, New York 10014, USA

USA | Canada | UK | Ireland | Australia | New Zealand | India | South Africa | China
Penguin Books Ltd, Registered Offices: 80 Strand, London WC2R 0RL, England
For more information about the Penguin Group visit penguin.com

First published in English under the title A *Wedding in Haiti* in the United States of America
by Algonquin Books of Chapel Hill, a division of Workman Publishing, 2012
This Spanish-language edition first published by C. A. Press, a member of Penguin Group
(USA) Inc., 2013
Published by arrangement with the author

Translation by Mercedes Guhl

Some names have been changed to protect the privacy of the individuals.

The photographs in this book are credited as follows: Isaías Orozco Lang, page 3;
Nicole Sánchez, page 8; Bill Eichner, pages 31, 32, 59, 66, 67, 80, 159, 171, 173; Homero,
pages 43, 53, 54, 56, 83, 98; Carlos Barria (Reuters), page 113; Mikaela, pages 157,
164, 166, 185; Ana Álvarez, page 173; Thony Belizaire (AFP/Getty Images), page 136.
All others by the author, except for page 25, from the author's collection.

LIBRARY OF CONGRESS CATALOGING-IN-PUBLICATION DATA
Alvarez, Julia.
[Wedding in Haiti. Spanish]
Una boda en Haití : historia de una Amistad / Julia Alvarez ;
Translation by Mercedes Guhl. — Spanish-language edition.
pages cm
Includes bibliographical references and index.
ISBN 978-0-14-242473-5
1. Alvarez, Julia—Friends and associates.   2. Alvarez, Julia—Travel—Haiti.
3. Dominican American authors—21st century—Biography.
4. Haitians—Dominican Republic—Biography.   I. Guhl, Mercedes, translator.   II. Title.
PS3551.L845A318   2012
818'.5403—dc23   2013016503

Printed in the United States of America
10 9 8 7 6 5 4 3 2 1

Penguin is committed to publishing works of quality and integrity. In that spirit, we are proud
to offer this book to our readers; however, the story, the experiences, and the words are
the author's alone.

Para
los *pitouses*
y
todas las Ludys

CONTENIDO

NOTA DE LA AUTORA

En esta narración no pretendo presentarme como una autoridad en asuntos de Haití. Este libro trata de la amistad con un joven haitiano, Piti, que formó parte de una finca y de un proyecto de alfabetización que mi esposo y yo establecimos en República Dominicana, mi país de origen. Gracias a esa amistad surgió la oportunidad de descubrir mi país vecino, que era y sigue siendo una especie de "hermano que escasamente conocía". Estos dos viajes a Haití son apenas el comienzo de una relación en plena evolución, que se ha profundizado a lo largo de la escritura del libro. Mi amistad con Piti y Eseline y la pequeña Ludy y sus familias y amigos en Haití también sigue evolucionando, y me enseña que muchas cosas se hacen posibles cuando salimos de los límites que nos separan unos de otros.

Julia Álvarez
septiembre 2009 – octubre 2010
con la Altagracia a mi lado

Donde vive
la familia
de Eseline

Donde vive la
familia de Charlie

PORT-DE-PAIX

Buena carretera
a Cap-Haïtien

HAUT
MOUSTIQUE

BASSIN-BLEU

MOUSTIQUE

Donde la niña me pidió
la medalla y los anillos

CAP-
HAÏTIEN

Trois Rivières—
sin puente

GROS MORNE

DAJ
Pueblo
de la

Donde vive la
madre de Piti

Donde vive la
madrina de Eseline

Vendedoras
de mangos

MILOT

OUANAMINTHE

GONAÏVES

ENNERY

Nuestra estación
de gasolina, donde
nos encontramos con Pablo

Hospital pequeño,
corazón grande

HAITÍ

PORT-AU-PRINCE

Rezos

JIMANÍ

PÉTIONVILLE

MALPASSE

Buena carretera para los políticos
que necesitan una huida rápida

Rutas a Haití y Regreso a República Dominicana, 2009
Rutas a República Dominicana via Port-au-Prince, 2010

Ruta principal de buses
que tomaron Piti, Eseline
y Ludy, 10 chequeos militares

ABÓN
s en el cruce
frontera

Camino donde compramos
dulce en yagua & casave

SANTIAGO
Donde viven Mani y Papi

ALTA
GRACIA

JARABACOA

REPÚBLICA
DOMINICANA

SANTO DOMINGO
★

BARAHONA
Nuestro hotel
de la playa

══════ Rutas a Haití y Regreso a República Dominicana, 2009
– – – – – Rutas a República Dominicana via Port-au-Prince, 2010
· · · · · · · · Rutas a República Dominicana via Port-au-Prince, 2010

UNA BODA EN HAITÍ

- UNO -

Viaje a la boda de Piti en Haití

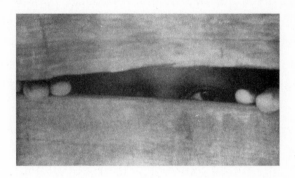

Alrededor de 2001, en las montañas de República Dominicana

Mi esposo y yo tenemos una discusión sin fin sobre qué edad tenía Piti cuando lo conocimos. Yo digo que tenía diecisiete años, cuando mucho. Mi esposo afirma que era mayor, tal vez diecinueve o incluso veinte. El propio Piti no está seguro de en qué año nos conocimos. Pero ha estado trabajando en las montañas de República Dominicana desde que cruzó la frontera con Haití por primera vez en 2001, cuando tenía diecisiete años.

Podrá ser que Bill y yo hayamos olvidado el año, pero recordamos muy bien la primera vez que conocimos a Piti. Era al final de la tarde y pasábamos por las viviendas tipo batey donde vivía él junto con otros seis o siete haitianos que trabajaban una finca vecina. En el rectángulo de concreto que había frente a las casetas, el grupo armaba alboroto, al igual que sucede en cualquier parte del mundo cuando los jóvenes quieren divertirse. Piti, cuyo nombre en creole significa "pequeño", era el más chico del grupo, bajito y delgado, con una cara redonda de niño. Le estaba dando los últimos toques a una pequeña chichigua que estaba armando.

Le pedí a Bill que detuviera la camioneta, pues no había visto esas chichiguas caseras desde que era niña. Traté de explicarle eso a Piti, quien en ese momento no entendía mucho español. Su respuesta fue sonreírme y ofrecerme la chichigua. Me rehusé a aceptarla y le pregunté si más bien me permitiría tomarle una foto.

En el siguiente viaje, me tomé el trabajo de buscar a Piti para darle la foto en un pequeño álbum que había conseguido para regalarle. Fue como si le hubiera dado las llaves de una motocicleta nueva. Miraba la foto, sonriendo, y repetía "¡Piti! ¡Piti!" como para convencerse de que él era el muchacho de la foto. O a lo mejor estaba agradeciendo en creole. "*Mèsi, mèsi*" puede sonar muy parecido a "Piti, Piti" si no se conoce la lengua.

Así comenzó una amistad. En cada viaje lo buscaba, le llevaba una camisa, un par de jeans, una maleta para cargar con sus pertenencias en sus periódicas y peligrosas incursiones al otro lado de la frontera.

Lo que yo sentía hacia este muchacho era un apego inexplicablemente maternal. En alguna parte de Haití, una madre había enviado a su muchacho al rico país vecino para ayudar a la empobrecida familia. A lo mejor en este preciso momento ella estaba rezando porque su hijo estuviera bien, porque ganara un buen dinero y encontrara personas amables en su camino. Cada vez que yo divisaba al joven sonriente de mirada preocupada sentía la presión de esa plegaria materna en mis propios ojos. Me brotaban las lágrimas y una emoción me inundaba el corazón. ¿Quién sabe por qué nos encariñamos con personas que no tienen nada que ver con nosotros?

¿Una finca de café o una amante?

A lo largo de los años, Bill y yo vimos a Piti con mucha frecuencia. Siempre que podíamos alejarnos de nuestra vida y de nuestros trabajos en Vermont, en viajes cortos de una semana o más largos, de varias, nos encaminábamos a las montañas dominicanas. Nos habíamos convertido en cafetaleros.

Cada vez que empiezo a contar esta historia, se levanta el telón en esa función de vodevil que interpretan las parejas que llevan largo tiempo juntas, alrededor de quién hizo qué primero y de cómo se llegó hasta el punto actual.

Todo empezó en 1997, con un encargo para escribir un texto para la organización ecológica Nature Conservancy. Se me pidió que viajara a la Cordillera Central, una cadena de montañas que recorre la isla en diagonal, y que escribiera sobre algo que cautivara mi interés. Durante nuestra estadía, Bill y yo conocimos a un empobrecido grupo de agricultores dedicados a la siembra del café que luchaban por subsistir con el producto de sus pequeñas parcelas. Nos preguntaron si les podíamos ayudar.

Ambos respondimos que sí, por supuesto que les ayudaríamos. Yo me refería a ayudar escribiendo un artículo muy bueno que atrajera a defensores de su causa. Bill se refería a arremangarse la camisa y *ayudar* de verdad. Debí imaginarlo. Por haber crecido en el campo en Nebraska, con experiencia de primera mano en la desaparición de las fincas familiares, Bill tiene cierta debilidad por los pequeños campesinos.

Terminamos comprando tierra deforestada y nos unimos a los esfuerzos por cultivar café según los métodos tradicionales: bajo árboles que ofrecen su sombra, y de forma orgánica. (¿Quién podía darse el lujo de comprar pesticidas?). También acordamos ayudar a encontrar un mercado decente para el café que producíamos todos, con el nombre de Alta Gracia, como bautizamos nuestras tierras ahora reforestadas, que empezaron en trescientas sesenta y cinco hectáreas y luego fueron seiscientas veinte y después, al final, mil. Me expreso en "nos" pero, claro, me refiero al "nos" de las parejas, como cuando mi terco amado anuncia que vamos a hacernos cafetaleros en República Dominicana y yo le respondo: "¿Pero cómo va a ser si vivimos en Vermont?".

Claro, me dejé convencer por don Honey, como lo llamaba la gente del lugar por haberme oído decirle en inglés "*honey* tal cosa" o "*honey*, tal otra". La manera jocosa en que se lo expliqué a mi familia y amigos, que quedaron perplejos al enterarse, fue que la opción era escoger entre conseguir una finca de café o una amante. Con los años, confieso que ha habido momentos en los que me he preguntado si no habría sido más fácil optar por la amante.

Fuimos muy ingenuos, y ahora el "nos" sí nos cobija a los dos. Contratamos toda una serie de malos administradores. Pusimos el dinero de la nómina en manos equivocadas que jamás lo pagaron. Uno de los administradores era un borracho que tenía una querida en el lugar y aprovechaba la nómina para pagarles a todos los miembros de la familia de ella, sin importar si trabajaban en la finca o no. Otro era un adventista, que pensamos que sería buena alternativa porque no iba a beber ni a robar ni a tener amantes, pero demostró ser mandón y perezoso. Él era el capataz, decía jactándose ante sus subalternos, el jefe. No tenía que trabajar. Para él todos los días eran de descanso y oración. Sus manos debieron darnos la pista, con las palmas muy rosadas y las uñas pulidas. Otro de los administradores se fue a Nueva York con una visa que yo le ayudé a conseguir (como dije, se requieren dos ingenuos para pretender tener una finca de café en otro país).

Con todo, si se me diera de nuevo la oportunidad de escoger, probablemente lo volvería a hacer. Tal como le he dicho muchas veces a Bill, y eso me mete en problemas, si se van a aprovechar de nosotros, prefiero dejar mi huella en el lado optimista. De otra manera, mientras llego al punto de tener la razón me habré transformado en una especie de cínica que decidió vivir una versión pequeña de su vida.

Y las cosas han ido mejorando lentamente en las montañas. Con el paso de los años, la calidad del café que se produce en la región es cada vez mejor. Los agricultores locales reciben un precio justo por su café y la tierra se cultiva de forma orgánica. También organizamos una escuela en nuestra propia finca, tras descubrir que ninguno de nuestros vecinos, ni los adultos ni los niños, sabía leer o escribir. De algo me sirve trabajar en una universidad, con acceso a un gran grupo de gente joven y con ganas de ayudar. Cada año, a cambio de un pequeño estipendio, un estudiante de último año es contratado como maestro voluntario. Recientemente, añadimos un segundo voluntario, para dedicarlo a proyectos comunitarios y colaborar en el esfuerzo de alfabetización.

Durante los tiempos de uno de los mejores administradores, Piti fue contratado para trabajar en nuestra finca. Sucedió mientras estábamos en los Estados Unidos, y cuando llegamos fue una sorpresa maravillosa encontrarlo en la puerta.

—Soy de ustedes —dijo.

—No, no, no —respondimos—. Somos nosotros los que estamos en deuda contigo por venir a trabajar en Alta Gracia.

Después Piti me contaría cómo sucedió. Pablo, su amigo haitiano, había encontrado trabajo en una finca de unos americanos (como soy blanca, estoy casada con un gringo y vivo en Vermont, creen que soy americana). Era un buen lugar: instalaciones decentes, horarios razonables, salarios justos "incluso para los haitianos". Piti sumó dos y dos: la señora de la chichigua y don Honey. No estábamos en la isla en ese momento, así que le pidió trabajo al capataz, que le echó una ojeada a ese flaquito esmirriado y negó con la cabeza. Piti ofreció trabajar esa jornada y si al final del día no había limpiado tanto terreno como los demás de la cuadrilla, no tendrían que pagarle.

Resultó ser un trabajador tan bueno que empezaron a contratarlo regularmente. Su reputación lo dio a conocer. Tras varios años en Alta Gracia, le ofrecieron el puesto de capataz en una finca cercana. ¡Piti había llegado a ser capataz! Y uno de manos encallecidas y uñas rotas, capaz de superar a cualquier otro trabajador, ya fuera dominicano o haitiano.

Además, era muy divertido. Las noches en las que estábamos en la finca, había fiesta en nuestra casita. Quienquiera que estuviera por ahí podía quedarse a comer con nosotros. Después venía el espectáculo. En algún momento, un estudiante que nos visitaba enseñó a Piti y a Pablo a tocar la guitarra y luego les regaló el instrumento. Un grupo de jóvenes dejó una segunda guitarra. Bill y yo compramos una tercera. Más adelante, Piti y Pablo, junto con otros dos amigos haitianos, formaron una banda, tal como lo hacen los jóvenes de cualquier parte del mundo. Más que nada, cantaban himnos para su iglesia evangélica. Eran canciones lastimeras y hermosas, parecidas al góspel del sur de los Estados Unidos, en las que los más pobres y desamparados se encuentran con Jesús y el resto es cosa de la gracia.

Los demás los seguíamos en el canto, e invariablemente, Bill y yo terminábamos mirándonos con los ojos aguados y sonriendo.

Y así, cae el telón del acto de vodevil que acontece en la finca de café.

Fue en una de esas veladas que le prometí a Piti que estaría junto a él el día de su boda. Parecía ser un suceso lejano, pues el muchacho apenas tenía veinte años, a lo mucho, y representaba quince. Fue una de esas promesas de buena fe que uno hace y que cree que jamás tendrá que cumplir.

Comienzos de agosto, 2009, Weybridge, Vermont

Eli, el nuevo voluntario que tenemos en la finca, nos llama. Resulta que Piti necesita hablar con nosotros. ¿Podríamos llamarlo? Estos mensajes siempre tienen que ver con dinero: la mamá de alguien está enferma; una persona necesita un préstamo para comprar herramientas, comida, medicinas, una moto; para regresar a Haití y asistir a un nacimiento, a un entierro o, en este caso, a una boda.

Yo había oído los rumores. En un viaje de vuelta a su país, Piti había dejado embarazada a su novia (¡Piti tenía novia!). Supuse que ya habría tenido lugar la boda y que Piti, o bien se había olvidado de mencionarla, o bien había decidido deliberadamente no incomodarnos al recordarme mi oferta. Debe haber una fecha de caducidad para las grandes promesas.

Cuando marco al número que nos dejó, Piti se oye risueño y rebosante de noticias. El bebé nació en abril. Piti se marchará en cuestión de días para conocer a su niñita y para casarse con la madre, Eseline, el 20 de agosto. ¿Mi esposo y yo vamos a acompañarlos?

La invitación llega con escasísima anticipación. Y en muy mal momento. De hecho, la semana de la boda estoy comprometida para participar en los cinco días de reuniones del Consejo Internacional de las Trece Abuelas Indígenas. Una amiga latina me contó de este grupo y me convenció de asistir al congreso. Ella, junto con un contingente de amigas latinas, planea estar allí. (Esto sucede en el apogeo de las audiencias tras la nominación de la jueza Sonia Sotomayor para la Suprema Corte de Justicia, cuando a algunos se nos ha subido a la cabeza el término *wise Latina*, una latina sabia). Hace ya bastante tiempo que he debido comenzar a asistir a esas reuniones. Necesito relacionarme con ancianas sabias. Mis dos padres continúan con su deterioro debido al Alzheimer, tanto que he terminado por convertirme en mamá de mis padres. Me vendría bien una dosis de sabiduría de abuelas para hacer mi propia transición hacia la vejez. Además, ya pagué la inscripción, y hay una multa en caso de cancelación.

—¡Ay, Piti! Lo siento mucho pero no puedo —trato de explicarle.

Pero ahora quedo con una piedrecita en el zapato, incluso de noche, cuando estoy descalza en la cama. Me debato entre los nervios y la indecisión. Amontono razones para no cambiar mis planes… una larga lista que incluye a las abuelas sabias, la multa por cancelar mi asistencia al congreso, la multa por cambiar mi boleto de avión y, lo más importante, la oportunidad perdida de recibir ayuda sicológica para seguir en el camino de atención y cuidados que me espera. En el lado de las razones a favor de ir a la boda está la cara redonda y aniñada de Piti, sonriendo ante mi vieja promesa de asistir a su boda. A veces es muy poco conveniente tener conciencia, y además puede resultar costoso. Pero no seguir lo que ella nos dicta puede acarrear un costo aún más alto: tener que vivir con esa persona mutilada en la que uno se transforma si no le hace caso a su conciencia.

El camino entre aquí y allá

En una llamada posterior, le pregunto a Piti en qué parte de Haití será su boda.

—Hay que ir casi hasta Port-de-Paix —me explica.

En el mapa, Port-de-Paix queda cruzando el norte de Haití en línea recta, pero no hay carreteras que nos lleven directamente. Piti no puede viajar con nosotros, porque tendrá que llegar antes para hacer los preparativos de la boda.

Le escribo un correo electrónico a mi amigo Madison Smartt Bell, que ha escrito mucho sobre Haití y a quien considero una autoridad en la materia. ¿Tiene alguna sugerencia para viajar desde nuestra finca hasta el lugar de la boda? Madison dice que nuestra mejor opción es contratar un guía. Recomienda uno que vive en Cap-Haïtien, que tiene el apropiado nombre de Handy, que significa "útil" o "hábil" en inglés. Sus mensajes en inglés no solo resultan poco "útiles" sino que son incomprensibles. Al traducirlo al español, uno de ellos diría más o menos lo siguiente: *Un gran Bonsor especial para ti y esposo. Ahora solo te escribo para un especial Remerciment... Por favor, soy el único respuesta a su comprensión, su respuesta, por favor, ¿gracias por favor?*

Mi esposo, cuyo español es apenas mejor que el inglés de Handy, sugiere que llame a Piti y le pida su dirección en Haití.

—Lo encontraremos —dice Bill muy seguro.

Piti no puede evitar reírse cuando le hago la pregunta.

—¿Mi dirección? Así es imposible —un comentario que hace tambalear mi confianza, siempre mucho menos sólida que la de mi esposo.

Pero Piti encuentra otra solución. Un amigo suyo, haitiano, que ha estado trabajando con él en República Dominicana y que proviene de la misma región de su país. Leonardo lleva dos años sin volver a casa, pero por cierta cantidad de dinero y su pasaje de regreso (es indocumentado, así que tendrá que pagarle a un buscón para que lo haga pasar de contrabando en la frontera) nos llevará hasta la puerta de la casa de Piti.

Leonardo resulta ser un joven de unos veinte años, con pinta de estrella de rap: un gran crucifijo plateado estampado en su camiseta negra, gafas de espejo, una sonrisa de sabérselas todas, y una gruesa cadena con un medallón del Che Guevara (Leonardo no sabe bien quién es este personaje, pero supone que será un rapero famoso). Esta apariencia de buscapleitos me produce desconfianza hasta que descubro que además de su pequeña maleta, Leonardo lleva una caja llena de espaguetis para su madre.

A medio camino en el viaje debemos recoger a Pablo, un viejo amigo de Piti, que ya está en Haití visitando a su familia ("Los estará esperando en la gasolinera", le dijo Piti a Leonardo). Además, también se unió a la aventura un amigo dominicano que trabaja como investigador sobre el café en un instituto agroforestal del gobierno. Homero, cuyo nombre también promete mucho, tiene curiosidad por todo lo que se atraviese en su camino. Lo que no sabe, se toma el trabajo de averiguarlo. Es por eso que quiere venir con nosotros. "Haití es como un hermano al que nunca he podido conocer", nos dijo.

Estoy de acuerdo con Homero. Con la excepción de un corto viaje a Port-au-Prince con mis tíos hace veinticinco años, nunca he estado en nuestro país vecino. Haití es como una hermana a la que nunca he podido conocer.

Eli, nuestro voluntario de Middlebury, pregunta si puede acompañarnos. Llegó a República Dominicana hace apenas tres semanas y yo estoy en cierta forma preocupada por cómo le irá en el año que tiene por delante. Para empezar, Eli es pelirrojo y muy blanco, una contextura bastante complicada para el trópico, y aquí estamos mucho más cerca de los ardientes rayos del sol por encontrarnos en lo alto de las montañas. Eli viene también con un currículum increíble: presidente del consejo estudiantil en Middlebury, un año como profesor en un colegio privado muy prestigioso, una maestría en español que acaba de terminar en Madrid. Pero esos mismos logros pueden ser desventajas en un pueblito remoto donde la ambición masculina se limita más que nada a las peleas de gallos y las mujeres.

—¿De verdad quieres pasar un año en una finca de café, sin electricidad ni agua caliente, a veces sin agua de ningún tipo, sin Internet, museos o cafés o restaurantes o cines? —le preguntó Bill en una entrevista telefónica, cuando Eli aún estaba en España.

A lo cual el joven respondió:

—¡Sí! —y nosotros en Vermont tuvimos que pellizcarnos.

A mediados de septiembre, Eli regresará a los Estados Unidos para hacer su examen de admisión a la escuela de derecho. En algún momento durante el viaje, levanto su pesada mochila y bromeo:

—¿Qué llevas aquí?

Tímidamente, Eli confiesa que trajo los gruesos libros para prepararse para el examen. En nuestra primera noche en el campo haitiano, bajo la luz que escasea, veré a Eli contestando un examen de práctica bajo un árbol de mango. Para el final del viaje ya no tendré duda alguna: Eli no tendrá el menor problema durante su año en Alta Gracia.

18 de agosto, Santiago, República Dominicana; los pitouses

Llegamos a Santiago la víspera de nuestra partida. Todos los vuelos están a tiempo, sin cancelaciones ni demoras. Eso está muy bien pues, para poder llegar a la boda de Piti en dos días, mañana tenemos que levantarnos al amanecer y hacer el viaje hasta nuestro destino en un solo día.

Eli y Leonardo nos están esperando cuando llegamos del aeropuerto. Vamos a pasar la noche todos en casa de mis padres. Y luego, mañana al amanecer, Homero se reunirá con nosotros, y partiremos. Pararemos para recoger a Pablo ya en Haití, de camino hacia donde Piti.

Como llegamos muy tarde, ni me molesto en despertar a mis padres, que ya duermen en su habitación. La enfermera de la noche sale sin hacer ruido para pasarme el reporte: ambos pasaron un buen día; comieron bien; jugaron dominó, una partida muy compleja con reglas resbaladizas y un único objetivo: dejar que mi madre gane. La derrota suele ensombrecer el resto de su día, incluso mucho después de haber olvidado siquiera que jugó dominó.

También ha olvidado que ya no vive en Nueva York. En 2002, tras cuarenta y tres años de vivir en los Estados Unidos, mis padres decidieron volver a "casa", y fue justo a tiempo. En cuestión de un año, el errático comportamiento de mi padre y su memoria vacilante resultaron ser síntomas del mal de Alzheimer. Mi madre siguió sus pasos poco después.

Como República Dominicana es un país que no cuenta con cuidado institucionalizado para ancianos, las cuatro hijas hemos tenido que armar nuestra propia institución para poder cuidar de ellos. Mi hermana mayor prácticamente se trasladó a vivir allá para ayudar en el funcionamiento de lo que viene a ser una pequeña empresa con una trabajadora social, Vicenta, que le ayuda a coordinar un equipo que incluye una cocinera, un chofer, una persona para limpiar la casa, dos jardineros, un vigilante nocturno, una enfermera nocturna y un grupo sustituto compuesto por tres personas para los fines de semana. Afortunadamente mis padres tienen recursos para pagar por lo que no resulta barato si se hace bien: empleados con un salario decente por hora, una jornada laboral de ocho horas diarias, una semana de cinco días laborales, dos semanas de vacaciones pagadas, y seguro médico para los empleados y sus numerosas familias. Todos esos conceptos de avanzada que sus hijas aprendieron en los buenos colegios que también pudieron pagar.

Afortunadamente también tenían esta casa para volver. De hecho, la casa había sido idea de mi padre, y fue construida con su dinero. Mi madre se oponía terminantemente. Me imagino que toda la cosa fue un acto de vodevil semejante al de Bill y yo en lo que a la finca de café se refiere. Sucedió a principios de los años setenta. Estábamos viviendo en los Estados Unidos y no teníamos planes de regresar a la isla. No necesitábamos otra casa, insistía mi madre. Pero mi padre siguió adelante con su la casa de sus sueños. Y como mi madre se había lavado las manos de todo el asunto, mi padre no tuvo que ponerle coto a ninguna de sus disparatadas ideas. Quiso que tuviera un molino (le encantaba la escena en la que don Quijote batalla contra un molino de viento). En el molino alojó su creciente biblioteca, en estantes que uno podía alcanzar al subir por la escalera en espiral. Como le encantaban los pájaros, mandó excavar una cueva en la colina vecina para hacer una pajarera y la cubrió con una malla. Bajo la malla sembró árboles y enredaderas de variedades especiales para que dieran frutos que gustaran a los pájaros. Una cascada caía en la reserva y sus aguas la atravesaban, para luego ser bombeadas de vuelta a lo alto de la cascada gracias al molino.

Mis hermanas y yo teníamos varias teorías acerca de esta casa. Como la había construido junto a la colina, a la vista de todo el mundo, era una forma en que Papi le demostraba a la familia de Mami que había sido capaz de hacerla solo. Había probado que merecía la mano de mi madre, al fin y al cabo.

Su historia de amor era legendaria. Cuando era un joven estudiante de medicina, mi padre se unió a un grupo clandestino de compañeros que no apoyaban la dictadura. Desafortunadamente, la agenda revolucionaria del grupo nunca llegó más allá del nivel de travesuras escolares: esparcir clavos al paso de la caravana del dictador entre la capital y Santiago. Fue un acto de ingenuidad por el que algunos de sus miembros pagaron con su vida, pero mi padre se las arregló para huir. Llegó a Nueva York en 1939, pensando que podría conseguir un trabajo. Pero obviamente, ningún hospital reconocía su título de médico dominicano.

Decidió irse a Canadá, porque había oído que algunos médicos dominicanos habían encontrado trabajo allí. Para entonces, tenía apenas cuarenta y cinco dólares en el bolsillo. En el tren, conoció a un canadiense que le preguntó si quería conocer el país y al mismo tiempo ganar algo de dinero. Resultó que el hombre era dueño de un campo maderero donde trabajaban mil quinientos hombres, en una zona aislada cerca de la bahía de Hudson, y buscaba un médico residente para la temporada invernal. No le importaba dónde hubiera obtenido su título, mientras pudiera enyesar una fractura o hacer un torniquete en un brazo herido. Mi padre aceptó de inmediato.

¿En qué sentido era esa una manera de conocer el país? No lo sé. Todavía siento una punzada de dolor al pensar en él, sin experiencia de esos inviernos del norte, metiéndose en ese lugar tan frío y desolado. Pero mi padre siempre se consideró un hombre afortunado. "Mis amigos de Canadá me dicen McÁlvarez, porque dicen que tengo la suerte de un irlandés", solía jactarse, riendo. Tan solo de contar las veces que a duras penas logró escapar de la muerte a manos de la dictadura, no puedo más que estar de acuerdo con ellos.

Luego de que la nieve se derritió, mi padre reclamó su salario (menos de lo que le habían prometido) y se estableció en Montreal, donde tomó cursos nocturnos en la escuela de medicina mientras trabajaba de tiempo completo durante el día. A lo largo de los siguientes ocho años, Papi se las arregló para sacar de nuevo su título de médico, en cierto momento llegó incluso a vender su sangre para pagar los créditos (las historias se contaban cada vez que una de sus hijas llevaba a casa un boletín de calificaciones con alguna de las notas inferior a una A). Papi aprendió a bandearse en francés y tuvo novias de las cuales a veces oíamos hablar cuando Mami estaba fuera del alcance de su voz o cuando había bebido demasiado.

Durante su temporada en Canadá, Papi hizo un viaje a Nueva York para cuidar a un sobrino que estaba al borde de la muerte y que había sido traído a los Estados Unidos en un intento desesperado por salvarle la vida. Mientras estaba allí, a mi padre lo invitaron a una fiesta que ofrecía una prima lejana. Ella lo emparejó con su mejor amiga, mi madre, que estaba allí en un viaje de compras con sus padres. Se reencontraron en varias reuniones posteriores. Para cuando ella tuvo que regresar a la isla y él a Canadá, ambos estaban perdidamente enamorados.

Durante la separación que le siguió a la despedida, se escribían todos los días largas cartas, y a veces se enviaban tarjetas, telegramas, se hablaban por teléfono. En algún momento empezaron a usar un sobrenombre cariñoso, *pitou*, para referirse el uno al otro. Era una palabra que mi padre había aprendido en Canadá con alguna de sus novias, supongo.

En un principio, los padres de mi madre no aceptaron a mi papá. Pertenecían a la oligarquía, al tipo de gente que podía darse el lujo de hacer viajes de compras a Nueva York. Papi era un médico que luchaba por ejercer, pues su título extranjero se consideraba de segunda clase aunque sus credenciales canadienses habían logrado que causara una mejor impresión. Pero no sería capaz de ofrecerle a mi madre el estilo de vida al cual ella estaba acostumbrada. Además, Mami era diez años menor que él, una joven muy bella, que adondequiera que iba, capturaba miradas. Se decía que el hijo del dictador la quería para él, y quizás por eso la habían alejado de la isla apresuradamente en ese viaje de compras. "¿Es usted Katharine Hepburn?", le preguntaban con frecuencia en las calles de Nueva York. Papi no estaba nada mal en cuanto a apariencia tampoco. Esas novias canadienses no en vano lo llamaban *pitou*.

Mis abuelos tenían la esperanza de que la distancia apagara el romance, pero sirvió más bien para avivar el ardor y la determinación de la pareja. No había forma de mantener alejados a los *pitouses*, tal como pasó a decirles la familia. Mi abuelo finalmente cedió y aceptó a mi padre. Mi abuela lo siguió, renuente. Mis padres se casaron en la ciudad de Nueva York y se instalaron allí. Poco después de que nacimos mi hermana y yo, mi abuela comenzó a presionar para convencer a la familia de que regresara a la isla, donde los padres de mi madre, y su condición económica, podrían ayudar a llenar los vacíos financieros.

Aunque la dictadura aún se mantenía, mis abuelos reportaban que el régimen se estaba abriendo. Iban a convocarse unas elecciones, y se iba a proclamar una amnistía general a todos los exiliados para que volvieran al país y ayudaran a construir la nueva democracia. Mi padre no se dejó engañar, o al menos eso afirmaba cuando contaba la historia años más tarde a sus hijas ya adultas. Era una treta del dictador que trataba de congraciarse con los Estados Unidos que lo presionaban para liberalizar su férreo gobierno.

Sin embargo Papi acabó cediendo. Mi madre sentía nostalgia, estaba agotada de cuidar a dos bebés que se llevaban once meses entre sí, sin sirvientes que la ayudaran. Una vez de regreso, mi padre descubrió que nada había cambiado. De nuevo, se puso en contacto con la clandestinidad. Para cuando yo cumplí diez años, estaba muy involucrado en una conspiración que terminó por ser descubierta por el Servicio Secreto. Lo que nos salvó fue un contacto de la CIA que había prometido dotar de armas a los conspiradores. Ese contacto logró sacar del país a mi padre, su esposa y sus cuatro hijas justo a tiempo. Cuatro meses después de que dejamos el país, las hermanas Mirabal, que habían fundado el movimiento clandestino, fueron asesinadas por los esbirros del dictador.

En esos primeros años en Nueva York, la familia sobrevivió como pudo con la ayuda de mis abuelos. Finalmente, mi padre logró renovar su licencia para ejercer y abrió un consultorio en Brooklyn. Trabajaba de lunes a domingo, levantándose a las cuatro y media de la mañana para salir de la casa a las cinco y media, antes de que saliera el sol, y regresaba de nuevo después de las nueve de la noche. Economizaba y ahorraba todo lo que podía. Recuerdo que, cuando tenía que ir a Manhattan tomaba el puente de Queensboro para ahorrarse el pago de un dólar en el peaje del túnel de Midtown. Y luego, dos veces al año, viajaba a su casa en Santiago y durante una semana vivía como un hombre rico.

Mi madre terminó por ceder. Para entonces nuestra casa, que durante mucho tiempo se irguió solitaria en los cerros de Gurabo que rodean Santiago, estaba cercada de construcciones. La zona se había convertido en un suburbio exclusivo plagado de mansiones desmesuradas. La nuestra era la más vieja, y se veía insignificante junto a las demás. Al fin y al cabo, lo que había hecho del lugar algo grandioso eran sus rasgos de imaginación: la cascada; la pajarera; el molino a cuyo balcón mi padre subía vestido con una especie de hábito de monje para inspirarse allí. Había empezado a escribir libros sobre temas variados: cómo aprender chino si uno era dominicano; cómo ser feliz en la vejez (mantenerse activo, siempre tener un proyecto, escribir libros, aprender idiomas, jugar dominó). También escribió sobre sus viajes a un planeta imaginario llamado Alfa Calendar, en el cual todos los problemas que nos agobiaban en la Tierra ya habían sido resueltos (no había guerras ni pobreza, había abundancia de molinos de viento, ingeniosos cinturones de energía solar con los cuales uno podía volar a su destino).

Ahora, cuarenta años más tarde, la casa se ha convertido en su refugio. Dignidad destartalada, es la expresión con la cual la describiría yo. Sin mantenimiento permanente y la inyección de dinero, el trópico puede tener mucho impacto sobre las edificaciones y los jardines. Los techos han empezado a agrietarse; un muro de apoyo se está derrumbando; una esquina del piso de arriba se ha venido inclinando un poco; las tuberías no son de fiar. Los pájaros han muerto. La cascada ya no funciona. En el molino, las ratas se han aprovechado de la biblioteca de mi padre. Una de las pequeñas ventajas de la situación actual de Papi es que ya no está tan consciente de lo que

le rodea como para darse cuenta de lo que le ha sucedido a la casa de sus sueños.

Antes de dirigirme a mi habitación me asomo a la de ellos. Están profundamente dormidos, tomados de la mano como siempre lo hacen, entre sus respectivas camas de hospital instaladas lado a lado. A veces Papi se despierta en medio de la noche diciendo "¿*Pitou*? ¿*Pitou*?", y luego se oye la voz de Mami cantándole canciones de cuna, pues parece ser que son las únicas canciones que recuerda.

Trato de conciliar el sueño pero la fatiga tras el día de viaje, y la expectativa y la incertidumbre de lo que nos espera, aderezadas con mis preocupaciones, me mantienen despierta durante horas. (¿Cómo sabremos en qué gasolinera nos espera Pablo? ¿Cómo vamos a meternos seis personas en la nueva camioneta de Bill? ¿Qué pasará si no logramos dar con la casa de Piti para llegar a tiempo a la boda?). Cuando suena el despertador aún está oscuro afuera y en mi mente ya he conducido hasta Port-de-Paix tantas veces que me parece innecesario levantarme después de haber dormido tan poco para conducir hasta allá en persona.

19 de agosto, de Santiago a Moustique

El cruce de la frontera

Nos levantamos a las cinco menos cuarto de la mañana para poder estar en camino a las seis. El camino hasta Dajabón, la ciudad fronteriza del lado dominicano, toma entre dos horas y media y tres horas. Después nos queda otra hora hasta Cap-Haïtien, y luego no tenemos la más remota idea de qué tanto nos tomará llegar adonde sea que vive la familia de Piti, en las cercanías de Port-de-Paix.

Antes de llegar a Santiago, le había pedido a Vicenta que por precaución nos empacara una caja con cosas de comer como bocadillos y agua, provisiones a las cuales ella añadió una nevera con queso, hielo, jugos en cartón y hasta una botella de vino. Ambas cosas irán en la cama de la camioneta, junto con nuestras mochilas y maletas, la caja de espaguetis, y unas lonas en caso de que llueva. En la cabina, Eli, Homero y Leonardo van apretados en el asiento de atrás, Bill y yo en el de adelante.

Enrumbados al occidente, camino de Dajabón, el sol sale a nuestras espaldas. Como ayer Bill y yo aterrizamos ya de noche, nos produce gran contraste pasar de las suaves colinas verdes de Vermont a los colores brillantes y estridentes, y al ruido del campo dominicano. Todos queremos hablar, emocionados con la idea del viaje, la ocasión feliz de la boda, la excitación de no saber qué será lo que vamos a encontrar.

Pero a medida que nos acercamos a la frontera vamos cayendo en el silencio. Aunque esta zona no recibe la atención que se le presta, por ejemplo, al Medio Oriente, hay una historia turbulenta entre los dos países que ocupan esta isla. Cada tanto, estas tensiones se convierten en violencia. El caso más vergonzoso fue en 1937, cuando cuatro mil haitianos o cuarenta mil (las cifras varían en forma desmedida) que vivían en el lado dominicano fueron masacrados en cuestión de unos pocos días. La masacre fue idea de Trujillo, que hizo que los militares usaran machetes para que así los asesinatos parecieran un levantamiento de los campesinos que buscaban proteger sus tierras de los invasores haitianos.

Desde entonces, las relaciones entre los dos países nunca más han derivado en violencia abierta. Sin embargo, los conflictos persisten, con los haitianos indocumentados que cruzan la frontera al país vecino, comparativamente más rico, dispuestos a hacer las labores que los dominicanos rechazan, y a menudo reciben mala paga y maltrato. Una situación que no difiere mucho de la de los mexicanos que se vienen al Norte en busca de una mejor vida.

La frontera no abre sino hasta las nueve, así que esperamos a que lleguen los funcionarios para que nos sellen nuestros documentos y nos cobren el impuesto de salida. El primero en llegar al edificio de bloque gris es un funcionario alto y regordete que ojea los documentos de la camioneta y empieza a negar con la cabeza. Nos faltan papeles, explica. Para que podamos ingresar a Haití con nuestro vehículo necesitamos dos documentos más que solo podemos conseguir en la capital (a cinco horas de aquí). Además de eso, al único documento que tenemos le faltan los sellos.

Bill y yo protestamos. ¡La boda es *mañana*! ¡Tenemos que llegar hoy! Por otra parte, a Homero, que hizo las averiguaciones, y al chofer de mis padres, que tramitó el papel, les aseguraron que solo necesitaríamos ese documento. Y si había que sellarlo, la oficina de Santiago debió hacerlo. ¿Por qué teníamos nosotros que pagar por la incompetencia de ellos?

El funcionario sigue negando con la cabeza. Lo lamenta mucho pero no hay nada que él pueda hacer. Podemos pasar a Haití tras mostrar los pasaportes y pagar el impuesto de salida. Pero la camioneta, un bien aparentemente mucho más valioso que las cinco vidas que lleva dentro, tendrá que quedarse atrás. Podemos dejarla estacionada en su patio, por cierta suma de dinero, claro.

En la cara de mi amado leo las señales de una explosión inminente, rematada por una perorata indignada sobre la pesadilla burocrática de hacer cualquier cosa en este país. Nos hemos enfrentado a ella una y otra vez para mantener la finca andando... un costoso permiso para talar unos cuantos pinos escuálidos, aunque los habíamos reemplazado al sembrar varios cientos de árboles de sombra sanos; un proceso de titulación que sigue sin terminarse tras catorce años. Pero este no es el momento de pasarle al fulano el memorial de agravios. Tenemos temas más inmediatos qué solucionar, y afortunadamente nuestro amigo dominicano está con nosotros para ayudarnos.

Homero empieza por reconocer que el funcionario tiene toda la razón. Alguien más ha cometido un error. Pero estos americanos han hecho todo el recorrido desde los Estados Unidos porque son los padrinos de esta boda que tendrá lugar mañana. ¿No habrá una manera de resolver este problemita aquí mismo?

El funcionario sigue negando con la cabeza, pero es como si Homero hubiera pronunciado las palabras mágicas. De repente vamos siguiéndolo hacia el patio, para hablar con su jefe inmediato, un hombre alto y delgado con varios dientes de oro que refulgen y le dan un toque siniestro a su sonrisa. Este también sacude la cabeza mientras le lleva nuestros papeles incompletos a su superior, otro funcionario rechoncho con un sujetapapeles, que también sacude la cabeza. Pero de alguna manera, en medio de todos estos gestos negativos, seiscientos pesos pasan de una mano a otra (alrededor de diecisiete dólares en ese momento; un dólar vale más o menos treinta y seis pesos dominicanos). Antes de que nos demos cuenta, los papeles están en regla, los impuestos pagados, y todos vamos en la camioneta, sin atrevernos aún a celebrar chocando las manos por temor a que nuestra alegría sea castigada con una multa.

Durante toda esta transacción, me intriga esta continua negativa visual a cambiar de opinión (el movimiento de cabeza) aunada a la furtiva aceptación de un soborno. Es como si no fuera más que una representación ante cámaras ocultas que vigilan la frontera, cámaras que registran lo que sucede únicamente de los hombros para arriba. Por seiscientos pesos, el soborno es ridículamente barato en comparación con la visa de Homero para entrar a Haití, que costó el equivalente a ochenta y cinco dólares, y es un documento que nadie se molesta en revisar. Leonardo es el que sale ganando porque como no tiene papeles, técnicamente no existe. Cuando manifiesto mi preocupación porque no lo dejen entrar a Haití sin prueba alguna de su nacionalidad, él se sonríe.

—Es mi país.

—Pero, ¿cómo van a saber los guardias fronterizos que eres haitiano si no tienes pasaporte?

—Lo sabrán —me asegura él.

Es demasiado joven para saber que durante la masacre, los secuaces de Trujillo tuvieron dificultades para distinguir entre haitianos y dominicanos. Así que se inventaron una prueba. Se les mostraba una ramita de perejil para que la identificaran, en español. Pero los haitianos hablan creole, y esa lengua tiene un sonido "r" más abierto y plano que la "r" vibrante del español. Quienquiera que pronunciara mal el nombre de la hierba era ejecutado de inmediato. Pero esa no es una historia que yo le quiera contar a Leonardo, no cuando vamos de camino a una boda, cuando viajamos en contra de las corrientes de la historia, dirigiéndonos, eso espero, en una nueva dirección.

Las altas puertas del lado dominicano se abren y avanzamos despacio sobre el puente que cruza el cauce casi seco del río Masacre. Aunque muchos dominicanos creen que el nombre se deriva de la matanza de 1937, el río fue bautizado así en el siglo XVII, luego de una batalla especialmente sangrienta entre soldados españoles y bucaneros franceses. Ahora, el río está lleno de mujeres lavando ropa o bañándose junto con sus niños.

En el lado haitiano del puente, un guardia blanco con el logo de la ONU en su casco se asoma al interior de nuestra camioneta. La misión multinacional de las Naciones Unidas ha estado presente en Haití desde el último golpe de estado, en 2004, y ha reemplazado al ejército nacional que ya había sido disuelto. El soldado asiente, las

puertas se abren, y así nada más, nos encontramos en Haití y podemos seguir adelante. No hay burocracia ni hace falta sonsacarle nada
a nadie. Haití nos acoge en un parpadeo sin revisar nuestros papeles.

Miro por la ventana trasera y veo que las puertas se cierran en el
lado dominicano. Siento una punzada de dolor como la que debió
sentir Rut, la de la Biblia, cuando dejó su tierra.

Hacia Limbé y Ennery, y el encuentro con Pablo

La primera ciudad del lado haitiano es Ouanaminthe, un nombre
tan cargado de vocales que casi imagino que esos sonidos exube-
rantes se traducirán en amplias avenidas, balcones rebosantes de bu-
ganvilias, damas con sombrillas exhibiendo sus mejores galas.

Pero Ouanaminthe resulta ser un poblado caluroso y polvoriento
de chozas de madera que se alinean a lo largo de la carretera, alterna-
das de vez en cuando con una casa de concreto, todo muy semejante
a bastantes poblaciones del otro lado de la frontera.

—Se parece a República Dominicana —digo sin parar.

La carretera entre Ouanaminthe y Cap-Haitïen está en muy buen
estado. Aceleramos el paso, felicitándonos por nuestra aventura en la
frontera y bromeando con Homero por sus habilidades para el soborno. "Lamentablemente...", admite, esa es la manera en que se

resuelven las cosas en República Dominicana, y nos cuenta la historia de cuando visitó un parque natural hace poco con su hijo de diez años. No había nadie en la entrada para venderles boletos, así que siguieron adelante, estacionaron y empezaron su excursión. Un guardia los alcanzó a la carrera. Les informó que tenían que volver a la entrada para comprar los boletos. Homero le explicó que no había nadie en la caseta que se los vendiera. Bueno, insistió el guardia, entonces padre e hijo tendrían que volver otro día.

Una vez más, Homero utilizó las palabras mágicas: "¿No habrá manera de resolver este problemita aquí?", y terminó pagándole al guardia menos de la mitad de lo que le habrían costado los dos boletos. El hijo de Homero estaba escandalizado: "¡Papi, sobornaste a un guardia!". Mi alegría se disipa al imaginarme el momento en que la visión infantil del mundo, como de cuento de hadas, empieza a resquebrajarse.

A medida que nos acercamos a Cap-Haitïen, vamos confiando en Leonardo para que nos indique el camino. El mapa nos muestra que hay un desvío que podemos tomar, al sureste de Limbé, para llegar a la autopista 1. Desafortunadamente, Leonardo ha ido y venido siempre en autobuses atestados o en la cama de una camioneta con dos docenas de migrantes haitianos. En cada cruce de caminos tenemos que detenernos para que él pregunte en creole cómo llegamos a la autopista 1. Pero no sirve de mucho llamarla por ese nombre y resulta mejor preguntar por "la carretera a Limbé" aunque a veces las respuestas apunten en direcciones opuestas. Bien podríamos estar preguntando cómo llegar a la gasolinera donde nos espera Pablo y quizás tendríamos mejores resultados.

¿Y cómo vamos a encontrar esa gasolinera? Una vez que estamos medianamente seguros de haber dado con la autopista 1 y de que vamos camino a Limbé, empezamos a preocuparnos por ese encuentro. Leonardo incluso tiene un número de teléfono de Pablo, el problema es que ninguno de nuestros celulares dominicanos parece funcionar aquí en Haití. Justo en ese momento, como si a un *deus ex machina* le hubieran pagado a hurtadillas para intervenir a nuestro favor, pasamos frente a una gran estación gasolinera. Con seguridad allí habrá un teléfono que podamos usar.

Nos detenemos pero aunque parezca increíble, no tienen teléfono allí.

—Y entonces, ¿cómo ordenan la gasolina cuando se les termina? ¿Con paloma mensajera? —pregunta Bill ocurrente. Gracias a Dios ninguno de los que atiende parece entender inglés.

Las noticias se propagan rápidamente y antes de que nos demos cuenta, un joven se acerca a la camioneta con un teléfono inalámbrico: una cabina telefónica ambulante, podríamos decir. Marca el número que tenemos y, como cosa de milagro, Pablo contesta al otro lado. Ya está en la gasolinera que hay pasando Ennery, esperándonos.

Una vez más, estamos eufóricos. A fin de cuentas todo va a salir bien. Y a lo mejor el hecho de que Pablo nos esté aguardando desde ya nos lleva a pensar que Ennery no debe quedar muy lejos. Leonardo supone que nos tomará cerca de una hora. Pero nos lanzamos a tres horas y media de camino por carreteras pésimas, llenas de lo que Bill llama cráteres y no huecos. Ningún pueblecito bonito ni puesto de ventas ni lugar dónde comer rompe nuestro lento, tedioso y desesperante avance. La carretera de montaña está desierta, a no ser por una que otra guagua repleta de pasajeros o camiones enormes cargados de combustible y comestibles, todos en dirección contraria a la nuestra. Es como si fueran más listos y prefirieran no ir adonde vamos.

Cual si fuera un niño en un viaje por tierra, pregunto una y otra vez: "¿Ya casi llegamos?". Las respuestas de Leonardo pasan primero por ser afirmaciones sonrientes para convertirse más adelante en gestos de "yo qué sé", como si las carreteras de Haití hubieran sido barajadas en los dos años que él ha pasado fuera del país.

Pero finalmente llegamos a la gasolinera y encontramos a Pablo esperándonos allí. Lleva colgado del brazo el traje que usará mañana en la boda cubierto por una funda de plástico. Incluso sin la funda, el alto y guapo Pablo llamaría la atención. Mi hermana mayor, que bien podría ser su abuela y todavía le coquetea, dice que Pablo es buen mozo y lo sabe. También es un encanto de hombre. Alto, desgarbado, con largos brazos flexibles, me hace pensar en Bill, si Bill tuviera cuarenta años menos, fuera negro y no fuera tan terco como es.

Ya entiendo por qué no he debido preocuparme con el asunto de en cuál gasolinera lo encontraríamos, pues es la única que hay desde que salimos de Limbé hace varias horas. El lugar parece ser un cruce de rutas: aquí se detienen los autobuses; los mototaxis esperan para conseguir pasajeros para llevar a sus casas en el campo. Hay varios negocios alrededor de las bombas, pero es difícil saber a qué se dedica cada local porque ninguno tiene letrero. Además están cerrados, a pesar de que ya pasó hace rato la hora del almuerzo. Lo único que vemos abierto es un restaurante, también vacío. No se ven los prometedores saleros en el centro de las mesas ni hay menús en la pared. Lo que sí hay es un baño, que se encarga de eliminar cualquier deseo de comer allí. Nadie ha tirado la cadena del retrete en siglos y no hay agua en el pequeño lavamanos, lo cual explica el enorme tanque lleno de agua que hay junto a la puerta.

Afuera en el restaurante, detrás un mostrador, hay una mujer joven que nos mira. Detrás de ella hay una zona de cocina con estantes vacíos. A lo mejor toda la comida se cocinó a mediodía. Parece ser que no podemos ordenar nada diferente de una cerveza haitiana llamada Prestige.

—Sabe muy parecido a la Presidente —dice Bill, comparándola

con la popular cerveza dominicana. Los nombres también me parecen similares: Prestige, Presidente. Una treta tan ingeniosa como cínica, no del todo desconocida en mis propios Estados Unidos: dales a los pobres una pequeña dosis de importancia mientras engullen su trago con el estómago vacío.

Camino de Bassin-Bleu

Abreviamos nuestra parada de descanso, pues ya es media tarde. Nos espera un tramo más largo y, según Leonardo y Pablo, la carretera está peor que en las que hemos estado: está sin pavimentar y en algunos lugares hay deslizamientos. Y ahora que Pablo se nos ha unido, tenemos el problema de los números que nunca logré resolver en mis viajes de insomnio. ¿Cómo vamos a meter a seis personas en la cabina?

Alguien tendrá que viajar en la cama. Leonardo se rehúsa de plano, lo cual irrita a Bill que ya se mostraba frustrado por la inutilidad de nuestro guía. Pero puedo entender lo que siente el muchacho: tras dos años de ausencia, quiere llegar a su casa como debe ser y no cubierto por el polvo blanco de una carretera sin pavimentar.

El gallardo Pablo se ofrece a ir atrás (¡no sorprende que las mujeres caigan rendidas a sus pies!). Pero la carretera levanta una polvareda tan densa que ni siquiera logramos verlo por la ventana trasera. Nos detenemos. No vamos a permitir que Pablo o cualquier otra persona vaya atrás. Además de quedar cubierto de polvo blanco, se va a asfixiar.

—Así es como uno se hace hombre blanco en Haití —bromea Pablo.

De alguna manera nos embutimos cuatro en el asiento trasero, y nos detenemos apenas una vez en un puesto al lado de la carretera, donde más de una docena de mujeres venden mangos. Cada una está rodeada de bateas y baldes rebozando con mangos de todos los tamaños y colores imaginables, desde unos muy anaranjados del tamaño de pelotas de béisbol hasta otros verde-amarillos con la forma de una batata. Como no hemos visto muchos vehículos en la carretera nos preguntamos dónde es que esperan encontrar clientes estas mujeres.

Debe ser su día de suerte porque poco después de que paramos nosotros, un camión se detiene, cargado de sillas de fibra vegetal y mujeres sentadas en sacos de carbón. Resulta que no pararon a comprar mangos sino a ver quiénes éramos nosotros.

El chofer se baja de la cabina, y aprovecha la ocasión para resolver un pequeño problema fisiológico allí mismo en la carretera, pero nadie lo mira. Están demasiado intrigadas con nosotros, y conmigo, la única mujer de nuestro grupo. Los comentarios nos llueven.

En respuesta, alzo las manos hacia ellas y luego, aturdida por la pésima carretera, les digo:

—¡Oh, ángeles de lo alto mándenme sus bendiciones!

Pablo traduce. Las mujeres deben pensar que es un chiste porque estallan en carcajadas. ¿A lo mejor tengo futuro como humorista en Haití?

La parada nos levanta el ánimo. Hay algo maravilloso en lograr establecer una conexión con personas aparentemente tan diferentes, a través de algo tan sencillo como la risa. Aunque supongo que también podría funcionar con lágrimas.

Por Pablo, que es quien ha tenido el contacto más reciente con Piti, nos enteramos de que lo veremos en Bassin-Bleu, situado a una hora al sur de Port-de-Paix. La familia de Piti vive en las montañas al occidente de la ciudad, pero Pablo cree que la boda será en una iglesia de la población. Es más lógico que nosotros nos quedemos en un hotel en lugar de seguir hacia el campo esta noche nada más para conocer a la familia de Piti, a la cual conoceremos en todo caso mañana en la boda. Tras nueve horas de carretera, la expectativa de la llegada es agradable.

Bassin-Bleu, Bassin-Bleu, Bassin-Bleu, la aliteración del nombre se convierte en mi mantra. La promesa de un baño, una cena, una noche de descanso… una escena tomada de Graham Greene empieza a proyectarse en mi mente, la típica deformación de los lectores cuya primera experiencia de un lugar ha sido a través de la letra impresa: expatriados que cargan con un pasado turbulento, hermosas mujeres, una terraza, palmeras que se mecen al viento bajo las estrellas, luces suaves en el bar, bebidas decoradas con sombrillitas, música acompasada. ¿Qué querré para cenar?

Pero después de dos horas, irrumpe la realidad calurosa y polvorienta. Los ánimos decaen. Estamos cansados, tenemos hambre, nos sentimos entumidos y malhumorados en la cabina. El trayecto es pesado: caminos plagados de deslizamientos, desvíos improvisados por cauces secos de ríos. De repente empiezo a preguntarme qué pasaría si empezara a llover. ¿Qué pasa si los ríos crecen? Tuvimos la precaución de traer una lona impermeable para proteger el equipaje pero, ¿qué hay de nuestras vidas? Y algo más apremiante en este momento: ¿Qué sucede si la camioneta se daña?

Como si fuera una respuesta a mis preguntas, llegamos a un puesto con una lona bastante rota amarrada a cuatro postes. Los postes están unidos por varas horizontales de las que pende cualquier pieza automotriz que uno pueda imaginar.

Parece casi como si hubieran destripado un vehículo para exhibir sus entrañas. De una rama cercana cuelga un letrero anuncio que dice:

JEAN JONAS AUTOPARTS
PIECES POUR: TOYOTA-ISUZU
GROS CAMION-MOTO-BICYCLETTE

Eso cubre más o menos todo lo que hemos visto en esta carretera. Sin embargo, no hay señales de Jean Jonas y al otro lado del camino vemos una iglesia hecha de piedras de río. Debió tomar mucho tiempo construirla, pero al menos los materiales eran fáciles de transportar. La iglesia está cerrada, no se ve un alma. A lo mejor Jean Jonas está adentro, rezando porque le llegue un cliente mientras nosotros pasamos de largo.

Llegada a Bassin-Bleu

Para ser la zanahoria que nos acicateó para darnos el palo de nueve horas de malos caminos, Bassin-Bleu resulta ser decepcionante. No corresponde a lo que se encuentra al teclear en Google "Bassin-Bleu, Haití" que lo lleva a uno a las hermosas cascadas de ese nombre, frecuentadas por visitantes, en las colinas al occidente de Jacmel, que queda en el más próspero y exuberante sur del país. Esta Bassin-Bleu es una ciudad árida y polvorienta, con calles vacías y casas de madera que parecen abandonadas. Las pocas casas de cemento tienen rejas de hierro al frente, las puertas cerradas, las ventanas y los postigos también.

Estacionamos en la avenida principal, buscando a Piti. Se me cruza por la mente una pregunta: ¿dónde exactamente vamos a encontrarlo en este pueblo de treinta mil personas? Decir "Nos vemos en Bassin-Bleu" no es lo mismo que decir "Nos vemos en la única gasolinera que hay en el camino entre Limbé y Ennery".

Pero ya en este punto he sucumbido a los ritmos de esta aventura, aunque me sobrevienen ataques periódicos de ansiedad cuando la carretera desaparece bajo un deslizamiento o se me ocurre la posibilidad de una inundación repentina. Confío en que los ángeles en lo alto nos cubran con bendiciones a todos. Este enfoque parece estar funcionando: Pablo y Leonardo entran a una casa y vuelven con buenas noticias. Llamaron a Piti, que en este mismo instante está saliendo de su casa en el campo para encontrarse con nosotros muy pronto. "Muy pronto" resulta ser otro de esos términos flexibles, como "ya casi llegamos". Tendremos que esperar más de una hora a que Piti aparezca.

—Parece que la boda no será en Bassin-Bleu —agrega Pablo, como si fuera un detalle insignificante.

Se me ensombrece el corazón. ¿Habremos venido desde tan lejos para nada?

—¿Y dónde va a ser?

—Donde vive la novia.

—¿Y eso dónde queda?

—Un poco más allá de donde vive la familia de Piti.

Decido no preguntar qué tan lejos queda.

Lo más increíble es que Pablo se enteró de esto por la gente de la casa desde donde hicieron la llamada y no por el propio Piti. Según ellos, para mañana no hay bodas programadas en ninguna de las iglesias de Bassin-Bleu.

¿Cómo lo saben? El pueblo es lo suficientemente grande como para merecer su figuración en los mapas. Pero esta no es la primera vez que me asombra la capacidad de las culturas orales de nuestros países supuestamente subdesarrollados para difundir las noticias. En este momento, todo Bassin-Bleu debe saber de la llegada al pueblo de tres blancos, un dominicano moreno claro y dos haitianos para asistir a una boda que no será en ninguna de las iglesias del lugar.

Frente a nuestra camioneta, dos niñas están sentadas en una escalinata de concreto que lleva a una de las casas cerradas. Nos miran de reojo pero siguen en lo suyo: una le está haciendo trencitas a la otra.

Un hombre joven con una camiseta azul cielo con el logo de Lacoste y una libreta se nos acerca. Se ve profesional, tal vez por la libreta, la camiseta con logo, los brazos doblados de alguien que nos calibra a la vista. Habla algo de inglés:

—Buenos días, mi amiga, ¿puedo ayudarles en algo? —me pregunta.

Le sonrío, incómoda. Hay algo en él que me recuerda a las insistentes vendedoras que me siguen en las tiendas.

—No, gracias. Estamos esperando a un amigo.

La niña a quien le estaban haciendo trenzas se une a él, con parte del pelo aún sin trenzar, así que se le ve un afro alborotado en la parte del frente, como la melena de un león. Mientras me examinan, veo que sus miradas pasan de la simple curiosidad a una descarada evaluación donde yo desaparezco y solo destaca lo que llevo puesto que pueda tener algún valor.

La niña empieza, señalando la medallita que pende de una cadena en mi cuello, y luego apunta a sí misma. Niego con un gesto. A pesar de que no puede entenderme, le explico que esa es mi virgencita, que me protege. La niña señala mi mano izquierda. ¿Qué hay del anillo? Le explico: este es mi anillo de matrimonio, este es el de compromiso. En la mano derecha llevo el anillo de mi graduación y uno con un granate que perteneció a la madre de Bill. De repente, me veo a través de los ojos de la niña: una mujer blanca que usa reloj, medallita, aretes y *cuatro* anillos. En Haití soy una mujer rica y lo estoy ostentando.

—Tengo hambre —dice el joven, tomando el turno de hacer peticiones—. Denme para comer.

La súplica se hace más y más insistente. La niña se le une. Si el encuentro con el camión lleno de mujeres en la tarde fue un momento de gracia, cuando todas las diferencias se borraron al quedar unidas por la risa, este encuentro es lo opuesto. Entre nosotros se abre un abismo que no puede salvarse ni con humor ni con amabilidad ni con cortesía. Me doy vuelta, reducida a mis posesiones, sintiendo el insulto que es mi presencia en este lugar.

En vista de la falta de éxito conmigo, acuden a los hombres de nuestro grupo. La jovencita le pide al hombre de la camisa azul que le traduzca una frase.

—Vente conmigo —repite, dirigiéndose a Homero, que sonríe y se encoge de hombros. Eli y Bill le dan la misma respuesta. Leonardo y Pablo se han mantenido apartados, sin darse cuenta de que este no es un encuentro amistoso. Pero ahora se acercan para rescatarnos.

¿Alojamiento?

Mientras esperamos a Piti, decidimos echar un vistazo a los hoteles. Vamos a la gasolinera de la esquina y allí se desata una discusión en creole. Finalmente nos llega la traducción: resulta que en Bassin-Bleu hay apenas dos hoteles, y uno está sin terminar. La construcción se detuvo hace un tiempo. El otro hotel es un edificio que parece abandonado, junto a la gasolinera, con un letrero colgante que dice "Hotel y Restaurante". La puerta está cerrada. Miramos el lobby abandonado a través de los sucios vidrios. Ni rastros de restaurante allá adentro. Alguien va a decirle al dueño que a lo mejor tiene clientes.

Un hombre grande aparece, vestido con camiseta rasgada, pantalones recortados como shorts y una bandana en la cabeza. Tiene la figura de un jugador de fútbol americano y lleva una cadena impactante, que lo etiqueta como uno de los hombres importantes del pueblo, alguien poseedor de bienes que es necesario guardar bajo llave. Le toma algo de tiempo dar con la llave que abrirá la puerta del hotel, lo cual no es una buena señal. ¿Cuándo fue la última vez que hubo visitantes en este lugar? Resulta que el restaurante no está en funcionamiento en el momento, pero el dueño puede ofrecernos una comida si llegáramos a querer. En cuanto a agua y electricidad, desafortunadamente la planta que abastece el pueblo lleva meses dañada.

Avanzamos entre la basura apilada en los corredores en el interior. Incluso bajo esta luz del final del día, la inspección confirma nuestras sospechas: Las habitaciones están sucias, las camas sin hacer, hay una capa de polvo que lo cubre todo. Los cuartos cerrados son como saunas, sin aire acondicionado, ventilación o abanicos.

Pero incluso si aceptáramos quedarnos aquí (¿qué otra opción tenemos?), ¿dónde dejar el vehículo durante la noche? El hotel no tiene un parqueo.

—No voy a dejar la camioneta ahí en la calle —declara Bill, haciéndome un gesto con la cabeza como si yo hubiera propuesto tal cosa. Ya me imagino lo que está pensando. Si deja la camioneta estacionada en la calle, mañana sus partes habrán pasado a engrosar el inventario de Jean Jonas.

Mientras estamos decidiendo qué hacer, afuera, Piti llega, caminando enérgicamente por el camino que lleva al pueblo, con otros dos jóvenes que resultan ser sus hermanos: Jimmy y Willy. Estamos tan contentos de verlos que bien hubieran podido ser ángeles que bajaban del cielo. Piti se lanza hacia nosotros con los brazos abiertos y una expresión radiante en el rostro. Lo abrazamos, y luego a sus hermanos.

—¡El pequeño Piti se nos casa! —le decimos, parte en broma y parte como celebración. Sonríe de oreja a oreja y los años se borran. Por el momento, el asunto del alojamiento queda olvidado.

Cuando se entera del problema en el que estamos, Piti nos explica que su familia nos va a hospedar. Este ha sido su plan desde el principio. En cuanto a la cena, allá habrá comida también.

—Pero somos pobres —añade en tono de disculpa—. No será mucho, pero comida sí habrá.

Decidimos pasar por un supermercado antes de salir del pueblo, y así contribuir con algo a la cena. Sin embargo, resulta más complicado de lo que pensamos. Parece que no hubiera ningún supermercado en Bassin-Bleu, y el mercado ya cerró. Un curioso junto a nosotros nos señala la gasolinera, donde hay un minimercado. Vamos hasta allá para verlo.

Es interesante ver qué productos alimenticios industriales han llegado a este remoto rincón de Haití: diez botellas de kétchup marca Del Monte, media docena de cajas grandes de Corn Flakes, cuatro latas de papitas Pringles, unos cartones de jugo de fruta, cinco potes de mayonesa, una torre de latas de leche en polvo, y unos potes de tapa roja cuyo contenido color crema parece ser mantequilla de maní. No es de asombrarse que el estante superior esté todo destinado a botellas de vino y bebidas más fuertes. En resumen, no hay nada con lo cual podamos preparar una cena, aunque bien podríamos llevarnos toda la bebida y las papas fritas y organizar un festín para la víspera de la boda. Pero de nada serviría pues, como evangélicos devotos, Piti y su familia no tocan el alcohol.

El dueño de la gasolinera, que estaba llenando el tanque de varias motocicletas con pequeñas cantidades de combustible, llega para enterarse de qué vamos a comprar. Movemos la cabeza de un lado a otro con timidez. No estamos resultando buenos clientes para lo que Bassin-Bleu nos ofrece.

Al salir del minimercado de la gasolinera, mi mirada cae en un camión estacionado al otro lado de la calle. En la empolvada cabina hay un letrero garabateado en rojo:

LIKA OBAMA
VOTE # 1

Recuerdo el día de enero en que nuestro nuevo presidente se posesionó de su cargo. Yo estaba visitando a mis padres en Santiago y, después de ver la ceremonia en televisión por cable, fui corriendo a la tienda de comestibles, aún con mi camiseta de "Sí se puede", de la campaña electoral de Obama. Los muchachos que estaban acomodando productos en los estantes y los cajeros que cobraban vinieron a chocar palmas conmigo. Ocho meses después, al ver el nombre de Obama en un camión mugriento en este punto desolado de Haití, siento una oleada de esperanza semejante a la de aquel día. Aquí también la gente sigue esperando su milagro.

Hacia Moustique, la casa de Charlie, una bienvenida con el corazón

Ya casi ha oscurecido y aún tenemos camino por recorrer.

—Las carreteras son muy malas —dice Piti, disculpándose, como si la culpa fuera suya.

¿Será posible encontrar un camino peor que los que ya hemos transitado? Pronto lo averiguamos. Hasta el momento, hemos viajado por carreteras discernibles y los ríos que hemos cruzado han estado secos. Pero ahora debemos atravesar Trois Rivières. Del francés que estudié en la secundaria, que tengo tan olvidado pero que ha resucitado repentinamente, recuerdo que *trois* significa tres. ¿Tendremos que atravesar un río que es la confluencia de tres?

Hábilmente, Piti nos guía por los pasos menos profundos (¡A la izquierda! ¡Derecho! ¡No, no, no, no, un poco más a la derecha!). El resto de los que estamos en la cabina hacemos eco de sus instrucciones, como si nuestro atribulado conductor, Bill, no pudiera comprender las órdenes de Piti y necesitara de un coro de tragedia griega para orientarse.

Una vez que llegamos al otro lado, tomamos un sendero que la camioneta va ampliando. Nos dirigimos a Moustique, explica Piti, así se llama la zona rural donde vive su familia y la de su novia.

—Moustique, Moustique —repite Homero una y otra vez. Está casi seguro de que *moustique* significa mosquito en creole. Bill y yo cruzamos una mirada, recordando una conversación que tuvimos en Vermont, sobre si debíamos llevar mosquiteros o no al viaje. Gracias a Dios tuvimos la sensatez de traerlos, dada la extendida incidencia de malaria en el campo haitiano.

Cuarenta minutos más tarde, llegamos a la casa en la que nos quedaremos. ¡Y pensar que Piti y sus hermanos caminaron esa distancia en la tarde! No me sorprende que hubiéramos tenido que esperarlos más de una hora. Ahora entiendo por qué al llegar a Bassin-Bleu venían limpiándose la frente y el cuello con toallitas.

La casa en donde vamos a pasar la noche pertenece a Charlie, cuya hermana está casada con Jimmy, el hermano de Piti. La casa de este último está más lejos y no se puede llegar por carretera, así que este es un lugar más adecuado para que nos alojemos. No resulta claro si todos estos arreglos se hicieron con anticipación o en este instante, cuando Piti se baja de la camioneta y se lleva a Charlie a un lado. No importa. Charlie nos recibe como si toda su familia hubiera estado preparando nuestra llegada durante días.

A lo mejor el sentido de la hospitalidad que despliega Charlie le viene de haber trabajado varios años en un resort en las Bahamas. Ahí fue donde aprendió algo de inglés, con un acento fuerte y desconcertantemente británico. La familia parece vivir cómodamente. Aunque la casa es pequeña, apenas cuatro habitaciones, está construida con cemento y techo de zinc, lo cual contrasta con las chozas de tejamanil que hemos visto por el camino y que yo encuentro más bonitas.

En cada habitación hay una cama. El cuarto principal tiene

también una mesa con un mantel estampado, varias sillas, dos vitrinas con vasos y platos. Pero, ¿dónde van a dormir ellos si aceptamos las tres camas que nos ofrecen? Ya conté que hay cuatro hermanas grandes, dos con sus esposos (uno de los cuales es el hermano de Piti, Jimmy); dos niñas y un bebé; además de un anciano con unos increíbles ojos azules a quien Charlie nos presenta dulcemente como "mi papi".

—Hay suficiente espacio —nos asegura Charlie.

No pregunto más, suponiendo que la familia se distribuirá en las casas vecinas. Sin embargo, cuando nos levantamos a la mañana siguiente y salimos, encontramos que todos han dormido en esteras dispuestas bajo los árboles. No nos hacemos los indiferentes ante esta generosidad de quienes están deseosos por compartir lo poco que tienen. En mi mente vuelvo a ver la escena con la niña y el joven en Bassin-Bleu.

Antes de que nos instalemos, Leonardo necesita que alguien lo lleve a su casa. Bill, irritado tras doce horas de camino, se niega. No queda lejos, dice Leonardo, pero es un argumento que se utiliza en su contra. Si no queda lejos, bien puede ir caminando.

—Anda, *honey* —intervengo.

Nada de *honey* ni nada de nada. Leonardo ha sido perfectamente inútil como guía. Peor aún, está duplicando su tarifa (cien dólares adicionales) y *además* espera servicio puerta a puerta.

A continuación, una de nuestras escenas de vodevil. El muchacho no ha visto a su familia en dos años, señalo. (¡Pero si no es un muchacho!) Está demasiado cansado para ir a pie. (¡Yo también, pues soy el que ha venido manejando todo el camino!) Entonces lo llevo yo. (Pero si no está lejos). Incluso si fuera verdad que no es lejos, Leonardo tiene que cargar con una maleta y una caja llena de espaguetis para *su mamá*. Este patético detalle no afecta a Bill de la misma manera que a mí. Pero también hay que decir que la crisis de los pequeños campesinos no me inspira a unirme a su lucha comprándome una finca de café. El asunto Leonardo acaba en una conciliación: yo me quedaré con Bill desempacando mientras que Homero y Eli lo llevan en la camioneta hasta su casa.

Es un momento del viaje que lamentaré haberme perdido: Leonardo que se baja de la camioneta y sorprende a su tía, sentada junto a la puerta de la casa. Homero nos cuenta de los gritos de alegría, los abrazos conmovidos, las exclamaciones al ver la caja de espaguetis. Bill escucha, arrepentido y algo a la defensiva.

—Podrá ser pobre, pero sigue siendo un niño mimado.

Puede ser, pero aunque sea mimado, hay ciertas cosas (sin contar mis joyas) a las que parece una tontería aferrarse.

Mientras que Homero y Eli se van a dejar a Leonardo, nuestro anfitrión, Charlie, nos muestra el lugar. La letrina queda por un caminito bordeado de arbustos bajos los cuales están atadas media docena de cabras esqueléticas. Cada vez que uno va al baño, desencadena una ronda de balidos, de manera que todos están al tanto de los movimientos de los demás, incluidos los movimientos estomacales. El baño es literalmente el lugar para bañarse: una estructura con techo de cana y cuatro paredes de lona impermeable. Uno levanta las lonas para entrar. Adentro hay una concavidad donde uno se para y un recipiente pequeño para echarse agua encima. En cuanto al agua en sí, Charlie levanta una mano:

—Viene en camino.

Poco después una hermana y las dos sobrinitas aparecen cargando cubetas desde el río, que sabemos, por haberlo vadeado, que queda algo retirado.

La otra choza detrás de la casa es la cocina, una habitación pequeña y oscura, ennegrecida por el fuego de carbón. Sobre la puerta, en una tabla de madera, alguien ha escrito una serie de números. Resulta que es el número del celular de una quinta hermana que trabaja en la Florida, la mamá de las dos niñas. Pregunto cómo se llaman.

Soliana susurra su nombre con timidez.

—Rica —contesta la mayor, más osada. Tiene una sonrisa deslumbrante, que hace que uno sonría de solo verla.

Le explico que "rica" tiene significado en español y lo que quiere decir. Cuando Piti traduce, Rica mantiene la misma sonrisa cegadora, como si lo que acabo de contarle no fuera novedad para ella. Se me ocurre que varios de sus tíos trabajan en la República Dominicana, donde se habla español, así que puede ser que su nombre afortunado no haya sido escogido por casualidad.

Los planes para mañana, a la cama al fin

La noche ha caído, y Piti y su hermano Willy están por partir
hacia su casa. Tomarán atajos por los cuales la camioneta no
puede pasar. Es una noche oscura y sin luna, pero Piti sostiene que
puede encontrar su camino incluso con los ojos vendados, pues ha
andado por estos cerros desde que era niño.

Antes de que se vaya, discutimos los planes para mañana. La boda
se supone que se oficiará a la extraña hora de las ocho y media de la
mañana. Pero en realidad para nosotros es muy bueno, pues saldre-
mos justo después de la ceremonia. Mañana es jueves. A menos de
que lleguemos a Cap-Haïtïen —situada a nueve horas de donde tendrá lugar la boda— mañana en la noche, será difícil que alcancemos
la frontera en un día, antes de que se cierre a las cinco de la tarde del
viernes.

—Nosotros vamos con ustedes —decide Piti en ese instante. Al
decir "nosotros" se refiere también a su novia, Eseline, y a su bebé de
cuatro meses.

—Piti, ¡es tu boda! —trato de hacerlo entrar en razón—. ¿No quieres quedarte para estar con tu familia y los demás invitados?

Piti niega con la cabeza.

—Hay un problema de dinero. Me lo gasté todo.

Bill y yo ya le mandamos algo de dinero a Piti como regalo de bodas, y ahora le ofrecemos más para que pueda quedarse unas cuantas semanas. Después podrá regresar a República Dominicana con su familia en guagua o como sea que llegue uno a la frontera desde aquí.

Pero ese es el problema, explica Piti. Por eso quiere ir con nosotros. El viaje es largo y pesado. El trayecto en la camioneta, con aire acondicionado, aunque vaya llena, siempre será más llevadero para la bebé y Eseline, que nunca ha hecho un trayecto largo en ningún vehículo.

Más adelante entenderemos, claro está, la razón por la cual Piti insistió tanto en viajar con nosotros. Hace años le ayudamos a conseguir su pasaporte, de manera que puede ir y venir entre los dos países sin dificultades. Basta con que pague su visa. Pero con Eseline es otra historia. No tiene papeles, ni acta de nacimiento, ni pasaporte y como el acta de matrimonio no la obtendrán sino hasta dos semanas después del acto, tampoco tiene pruebas de estar casada con Piti. Pero Bill y yo somos americanos, gente con medios, encontraremos la manera de hacer que su familia cruce la frontera. Piti no nos dice nada de esto en ese momento. De hecho, cuando le pregunto por los documentos de su esposa y su hijita, me asegura que todo eso puede arreglarse en la frontera.

Decido entonces apegarme a la política del momento en el ejército de los Estados Unidos hacia los gays: *Don't ask. Don't tell*, o "No preguntes. No digas nada". Piti ha hecho estos cruces muchísimas veces. Tiene que saber que su plan va a funcionar, o de otra manera no estaría exponiendo a su joven esposa y a su bebé a este tipo de peligro y de trauma. Mientras menos sepa yo de estos asuntos, mejor estaremos todos ya que, como me ha dicho mucha gente (empezando por mi madre, cuando yo era una niña traviesa e intentaba mentir para zafarme de un castigo), mi cara siempre me delata.

¿Y qué hay de Eseline?

—¿No deberías discutir esto con ella? —pregunto, apegándome al derecho femenino para tomar parte en la decisión.

—Mañana ella será mi esposa y deberá hacer lo que yo diga —explica Piti con total naturalidad.

—¡Piti! —¿Cómo es posible que el joven tan dulce con el cual caí flechada hace años sea capaz de decir algo tan sexista?—. Tienes que hablarlo con Eseline —insisto.

Piti me contesta con un somero gesto de "Sí, mamá". Me da la impresión de que la conversación entre ellos dos no será precisamente la que yo quisiera.

Tras despedirnos, nuestro grupo se sienta a la mesa que hay en la sala. No parece que fuera a haber cena, de manera que desempacamos los restos de la comida que traíamos, a la luz de dos velas. Cuando descorchamos el vino, aparece nuestro anfitrión con un tazón de arroz humeante, seguido de Jimmy con una fuente llena de salsa de habichuelas, o eso creemos a pesar de que no se ve una sola habichuela. Charlie regresa con una tercera olla, con carne de chivo muy especiada nadando en salsa, y más tarde Bill dirá que es el mejor chivo que ha probado en su vida.

No me molesto en preguntarle cuántas veces ha comido chivo, porque definitivamente no es uno de los platos de rigor de nuestra dieta en Vermont, que más bien tiende a ser vegetariana por deferencia conmigo. Pruebo un bocado de arroz, y evito la salsa marrón porque no estoy segura de lo que contenga. El postre son unos *kisses* de chocolate Hershey's que estaban olvidados en nuestra cocina desde el último Halloween. Iba a tirarlos a la basura pero Bill intervino: "Guárdalos para el viaje. A lo mejor nos resultan útiles". Y tenía razón. En esta parte de Haití, donde no se desperdicia nada, saben delicioso.

—Los mejores chocolates rancios que he probado —bromea Bill.

Poco después de terminar de comer, nos cepillamos los dientes bajo el cielo estrellado y nos resguardamos bajo los mosquiteros: Homero en una cama, Eli y Pablo en otra, y Bill y yo en la tercera. La noche es bastante fresca al estar por encima de la seca cuenca en la que queda Bassin-Bleu. Al acordarme de ese hotel ardiente y desaseado me siento doblemente agradecida.

Me duermo pensando en si Piti habrá logrado llegar a su casa. ¿Qué habrá dicho Eseline sobre su súbita partida de mañana? Según Piti, ella solo ha viajado hasta Gros Morne, situado un poco al sur de Bassin-Bleu. Nuevamente, por mi francés de la universidad sé que "gros" significa grande, pero no reconozco la palabra "morne". ¿Tendrá algo que ver con la palabra inglesa "mourning" que quiere decir duelo? Eso es lo que me imagino que sentirá Eseline cuando reciba la noticia de que mañana ella y su bebé se irán lejos, llevadas por ese nuevo marido, que ni se molesta en discutir sus planes con anticipación.

20 de agosto, un largo día de boda, con su noche

Preparativos

Me despierto para entrar en uno de los placeres que recuerdo de mi niñez: dormir bajo un mosquitero, como una princesa o algún otro ser maravilloso que tiene que resguardarse del mundo con un velo.

Durante un rato, en mi duermevela, he estado oyendo un sonido rítmico, que no es el golpeteo de la lluvia ni nada mecánico. Es un ritmo humano. Me asomo por la puerta y veo a una de las hermanas de Charlie que barre el patio de tierra con una escoba de fibra natural. No ha llovido en meses; el suelo está duro y seco, de color grisáceo. La hermana barre las hojas caídas y deshace los terrones. Para cuando termina, el patio se ve de un gris limpio y uniforme, a excepción de una zona más oscura en la que yo, nada deseosa de caminar hasta la letrina en medio de la noche, hice pipí junto a la puerta. Me acuerdo de una conferencia que dio Woody Tasch, el autor del libro *Slow Money*, en la que planteaba que había dos tipos de personas en el mundo: "los que se cagan en el agua de beber y los que no". Acabo de añadir un tercer tipo a esos dos: los que se mean en los patios delanteros ajenos.

El resto de la familia sigue acostada en esteras bajo un árbol en el patio trasero. Nuestros movimientos los despiertan, y comienzan los preparativos. La boda dará inicio a las ocho y treinta, pero como Bill y yo somos los padrinos oficiales, Piti quiere que estemos allá a las siete y treinta. Para llegar al lugar tendremos que manejar unos veinte minutos, estacionar la camioneta en la orilla de la carretera, y caminar hasta la casa de la familia de la novia. Con esas perspectivas, por un momento pienso en ponerme los mismos prácticos jeans negros y la camiseta con el letrero I LOVE MY BARRIO que llevaba ayer, en lugar del elegante atuendo que empaqué cuando pensé que esta sería una boda en iglesia: una falda larga y vaporosa de color amarillo pálido y una chaqueta, una camisola negra con borde de encaje, y unas sandalias negras nada prácticas.

¡Pero es la boda de Piti, y asistiré con todas mis galas! No hay espejos, pero cuando salgo de la casa ya toda arreglada, puedo verme reflejada en los ojos de mi anfitrión. Debo parecer tan extraña como el proverbial inglés con su traje blanco almidonado y su salacot sentado en medio de la selva para tomar el té.

Quizás por la falta de espejos, o al menos no hay ninguno a la vista, los hombres se afeitan unos a otros. Mientras tanto, la cuñada de Piti, Tanessa, plancha una camisa blanca sobre las sábanas y la estera que aún están bajo el árbol. Utiliza un objeto que nunca antes había visto: una plancha con una tapa que cierra el compartimento interior en el cual se ponen carbones calientes. Me intriga tanto su plancha como a ella mi facha. Cuando me ofrece plancharme la arrugada falda, niego con la cabeza. Voy a una boda en el campo haitiano, no a un té en una colonia británica.

¡Ya son las siete y cuarto! Rápidamente, nuestro grupo toma un desayuno de cereal con leche evaporada, y algunos de los mangos que conseguimos ayer. ¡Estamos listos para salir! Pero nuestros anfitriones insisten en darnos desayuno: las sobras de anoche, una olla de arroz, una fuente con salsa de habichuelas, otro envase con carne de chivo. Pablo es el único con apetito suficiente como para comerse un segundo desayuno completo.

En el camino, Bill señala de nuevo que, a diferencia del campo en República Dominicana, aquí no vemos pilas de basura a los lados de la carretera. Parece que en el Haití rural nada se desperdicia. Me acuerdo de haber visto la tapa de una de las latas de leche evaporada que abrí en manos de las dos niñas, que la usaron para cortar un pedazo de cuerda para lavar la loza del desayuno. Deshilacharon el trozo cortado para convertirlo en un estropajo de fibras para restregar los platos. El resto de la cuerda la pasaron por un agujero de la puerta de la cocina, para servir de manija.

Finalmente nos detenemos a la orilla del camino bajo uno de esos lujos escasos en Haití: la sombra de un árbol. La terrible erosión de la cual hemos leído queda confirmada por las laderas marrones de las lomas adondequiera que miremos. Vemos por qué. Aquí y allá hay incendios humeantes, árboles que se queman para obtener carbón, el cual proporciona el ochenta por ciento de la energía que se utiliza en el país. ¿Qué más puede hacer la gente? Es uno de esos dilemas entre el medio ambiente y la justicia social: qué debe estar primero: ¿la erradicación de la pobreza o la reforestación de la tierra que permitirá la agricultura que a su vez empezará a erradicar el hambre? *Tengo hambre. Denme para comer.* Escucho su cántico en mi mente.

A casa de Eseline

Ahora comienza lo bueno para la dama de la falda larga y vaporosa y las sandalias elegantes. No hace más que pisarse la falda, y las sandalias no le dan el agarre necesario en las laderas empinadas y pedregosas que suben y bajan como si fueran una montaña rusa. Mi amado, con un sombrero de ala caída para proteger su pálida piel del sol, tiene sus propias dificultades con el terreno agreste.

Pablo viene a mi rescate, ofreciéndome su brazo. Se ve increíblemente buenmozo con el traje habano que llevaba ayer en la funda.

Podríamos estar de camino a un matrimonio en Cape Cod. Es increíble que no se tropiece con los zapatos que tiene, con punteras largas y pronunciadas, un estilo que hace furor en la República Dominicana. Eli y Homero están vestidos de manera mucho más informal, con jeans y pantalones caqui respectivamente, ambos con camisa blanca, por deferencia con los novios, supongo. Charlie lleva una camisa de rayas con un escudo con león rampante en el pecho, muy británica, tal vez de su época en las Bahamas. Cerrando el desfile va un joven haitiano, a lomo de mula, con un traje amarillo pálido del mismo color que mi falda.

—Él también trabaja en la *République* —señala Pablo. ¿Cómo lo sabe? Cualquiera que pueda costearse un traje, es porque ha salido de Haití.

La caminata es larga y agotadora. Al fin, luego de cuarenta y cinco minutos, bajamos a un claro en el cual se agrupan media docena de casas. La más grande resulta ser la de Eseline, con las paredes de lodo color crema, las ventanas azules con borde anaranjado, el techo de cana en punta como el moñito de un bebé. Una enramada de hojas de palma se extiende desde la puerta principal. Parece una estructura provisional, erguida tal vez para la boda, de manera que los invitados no tengan que estar a pleno rayo del sol.

Se corre la voz de que llegamos. Hombres y mujeres dejan de hacer lo que están haciendo —acarreando leña, encendiendo fogatas, cocinando, planchando, haciendo trenzas, barriendo, preparando café— para vernos. Una trulla de niños, que suelen ser la mejor de las alarmas, como gansos en un granero, baja corriendo por las faldas de los cerros y se detiene poco delante de nuestro grupo. Es como si nosotros fuéramos los novios.

Piti sale dando brinquitos de la parte trasera de la casa de Eseline, vestido con una camiseta blanca, a saludarnos. Son casi las ocho y media y él no está listo. Obviamente la boda está retrasada, aunque nos asegura que apenas lleguen los pastores, empezará. No se ven señales de la familia de la novia, y la propia Eseline está en casa de unos vecinos, vistiéndose. Piti llama a una pareja mayor, diminuta, para que se acerquen a nosotros. Los presenta. Son su papá y su mamá. Abrazo a la delgada mujer con el pañuelo en la cabeza, a quien he imaginado a lo largo de los años, rezando por su hijo en una tierra lejana.

Por las presentaciones que siguen a continuación, me entero de que el padre de Piti tiene al menos otra esposa aquí mismo, aunque no sé bien si es una esposa posterior a la mamá de Piti, o una ex esposa o si ambas son simultáneas. Hay muchos hermanos y hermanas, medios hermanos y medias hermanas. Es difícil recordar quién es quién, y más porque no hablamos creole.

Piti desaparece para acabar de vestirse, y Pablo y Charlie se dispersan para ir a visitar a amigos. Eli y Homero y Bill y yo quedamos con el resto de los asistentes, más que nada mujeres, donde nadie habla ni español ni inglés. Miramos alrededor, sin querer llamar demasiado la atención, aunque eso es claramente imposible. Cada persona con la que cruzamos la mirada nos ofrece su asiento, limpiándolo primero con una toallita, que es lo que, al parecer, se usa aquí en lugar de pañuelos. A cada mirada o gesto respondo sonriente cual esposa de dignatario en una función social, cuyo único papel es aparecer amable.

Varios de los niños son abiertamente curiosos, y señalan con el dedo a alguno de nosotros... Bill con su sombrero patético, Eli con su pelo rojo, yo con el atuendo elegante y las sandalias absurdas. Uno de los niñitos nos mira con los ojos muy abiertos, asombrados. Cuando me acerco a él, y le hablo en mi francés rudimentario, para presentarme como *votre amie* (su amiga, o al menos eso es lo que creo que digo), estalla en lágrimas y corre a refugiarse en la seguridad del regazo de su madre.

—Probablemente jamás ha visto a un blanco —supone Bill.

Me intriga la variada forma de vestir de los asistentes, que en realidad parece ir a la par de nuestro propio grupito. Muchas de las mujeres llevan batas de entrecasa; algunas van con lo que parecen camisones de verano. Una de las hermanas de Piti está vestida con una camisa llamativa, decorada con una enorme motocicleta, y un sombrero de paja con cuatro hojas de plástico prendidas al frente. Otra mujer tiene un vestido rosado brillante y un diminuto bolso de noche de imitación piel de leopardo. El único código de vestir entre las mujeres parece ser llevar lo mejor que tengan, incluyendo algún accesorio favorito: un sombrero de paja, un bolso, un collar de cuentas. En contraste, la mayoría de los hombres van vestidos informalmente con camisetas, pantalones, bermudas, a excepción de los dos que están de traje, y lo llevan como símbolo de estatus, por supuesto.

Mientras nosotras las mujeres y algunos hombres mayores nos sentamos a esperar, muchos de los hombres jóvenes se agrupan alrededor de una mesa plegable colocada justo en medio del sendero que lleva a la casa. Desde que llegamos se viene desarrollando una partida de dominó. Los jugadores, sentados alrededor de la mesa, se van alternando con los que están de pie sin que el juego se interrumpa. De hecho, continuará durante la ceremonia de la boda y la única concesión será que la mesa se reubicará a un lado, a la sombra de un árbol de mango.

La casa de Eseline parece ser el núcleo alrededor del cual gravita todo, pues de allí salen caminitos que llevan a las demás casas de la familia. Por uno de esos senderos se acerca una mujer que lleva una mesita sobre la cabeza. La parte hundida en la tapa de la mesa es en realidad un compartimento con bebidas, que supongo se servirán en la boda. Pero en realidad resulta ser un bar ambulante en el que uno

puede comprar lo que quiera: gaseosas tibias, dos paquetes de cigarrillos, dulces baratos, y una enorme jarra llena de algo que nadie compra, quizás un trago de preparación casera para quienes no son
evangélicos entre los invitados.

En cuanto al refrigerio que se ofrece en la boda, una mujer sale
de la casa de Eseline con una canasta de lavandería llena de trozos
de pan, y saca uno para ofrecerle a quienquiera que se acerque.
Su camiseta roja dice ANGEL, en inglés, con una aureola sobre la
palabra y un ala a cada lado. Otra mujer, con bata de entrecasa y
un pañuelo que le cubre la cabeza sirve café de una cafetera blanca
y luego lava las tazas usadas, para reciclarlas, en una ponchera plás-
tica. Los que aprovechan sus servicios son en su mayoría mujeres
ya mayores y hombres. Las pocas jóvenes que se le acercan lo
hacen con timidez, murmurando en tono de disculpa, como si les
diera vergüenza estar disfrutando el fruto del trabajo duro de otras
mujeres cuando ellas mismas están en buenas condiciones físicas y
son mujeres.

Mientras tanto, nos traen a la regordeta bebé de Piti para que la
conozcamos. Loude Sendjika, se llama, me dicen cuando pregunto.
A lo mejor afectada por el mismo terror ante la piel blanca que el
niñito de antes, la bebé empieza a aullar en el instante en que la

tomo entre mis brazos. También puede deberse a que la sostengo en la posición de amamantarla pero no tengo nada qué ofrecerle. Una mujer joven la toma de mis brazos y empieza a darle pecho. A lo largo de la espera y la ceremonia que le sigue, Loude Sendjika pasa de mano en mano entre todas las madres que están amamantando entre los invitados. Una excelente manera en que estas mamás ayudan a la novia que no puede ocuparse de ella en este momento.

¿Dónde está el pastor?

Ya son las nueve pasadas y el pastor aún no ha llegado. Piti sale de detrás de la casa para ver cómo estamos. La mirada de preocupación que tenía se ha intensificado. Nos enteramos de por qué la boda no fue en Bassin-Bleu. El pastor se negó a casarlos en una iglesia porque, con una bebé de cuatro meses, era obvio que Piti y su novia ya habían tenido relaciones. En lugar de eso, accedió a hacer la ceremonia en la casa de la novia. Pero a lo mejor cambió de parecer...

Otro que no ha aparecido es Leonardo. Me preocupa que haya decidido mantener la distancia tras la discusión con Bill la noche anterior, aunque es probable que esté aprovechando al máximo su breve visita. Homero mencionó que había visto a una mujer joven y muy atractiva que llegaba a la feliz reunión de anoche, con un niñito y una niña. A lo mejor Leonardo está casado y la caja de espaguetis es para compartirla entre su madre y su mujer. De cualquier forma, volverá a la República Dominicana después de un par de semanas, por la ruta de los indocumentados para atravesar la frontera. Puede ser que por eso necesitara el dinero extra que nos pidió.

Cuando estamos a punto de darnos por vencidos con la llegada del pastor, sucede como en la advertencia de los cuentos de hadas: ten cuidado con lo que deseas. Porque aquí vienen no uno sino dos, y luego tres y después cuatro más, siete pastores en total, todos vestidos de negro con camisa blanca y corbata negra, y su Biblia en la mano. Resulta que solo uno de ellos es pastor y los demás son predicadores, o sea miembros de la congregación que predican y cantan y comparten responsabilidades pastorales. Los acompaña una mujer, vestida en forma similar con blusa blanca y falda negra: la esposa del pastor. Lo que se me ocurre mientras los veo bajar por el camino y meterse en la casa uno por uno, saludando a izquierda y derecha, es que el servicio va a ser largo, con muchas voces queriendo poner su palabra sobre la palabra de Dios.

La ceremonia de matrimonio

Finalmente, con menos bombo y platillos de lo que yo esperaba, Piti viene por el sendero de tierra con su hermosa novia arreglada de pies a cabeza: traje de novia hasta el suelo, de manga larga, con cola y un ramo de flores artificiales. Tras ella viene Pablo, otro de los padrinos, y detrás de Piti va una mujer atractiva de unos cuarenta años, que al principio supongo que es la mamá de la novia, pero resulta ser la madrina de bautizo. La mamá no asistirá a la ceremonia, pues está demasiado afectada por la inminente partida de su hija, nos dicen.

Entramos a la casita, cuyo cuarto delantero ha sido desocupado. El piso de tierra está cubierto con una sábana blanca, y hay otra más envolviendo los asientos para el novio y la novia. Tras estos se han dispuesto otros dos asientos, también cubiertos con una sábana, para Bill y para mí, los padrinos de boda. Me siento detrás de Piti, y Bill de Eseline, pero el pastor llama a Piti para corregir el error: la madrina debe situarse detrás de la novia, y el padrino, del novio. Me sorprende un poco la exactitud de estos detalles ceremoniales en un entorno tan rústico.

El pastor, los predicadores y los familiares más cercanos se acomodan en las bancas y sillas alineadas junto a las paredes. El resto de los asistentes se turna para asomarse por las ventanas y la puerta. Intermitentemente cambian las caras. Alguien más recibe el turno de ver parte de la ceremonia. El único problema es que con tanta aglomeración alrededor de las aberturas al exterior, se corta el flujo de aire y la ventilación para nosotros adentro.

La ceremonia empieza con una nota desagradable, pues novia y novio reciben una reprimenda por haber tenido relaciones antes del matrimonio. Deben soportar la humillación en público, pues cada predicador comienza su discurso con un tono castigador y un dedo acusador que hasta yo, que no hablo una palabra de creole, reconozco como un regaño.

Pero al fin el tono cambia. El pastor, que parece ser el mayor de todos estos respetables señores, no se extiende en su amonestación. Me pregunto si es la vieja rutina del policía malo y el policía bueno, y si antes de su llegada el pastor les dijo a sus predicadores: "¡Háganlos pasar por el infierno y el resto me lo dejan a mí!". Empieza por enunciar capítulo y versículo de la Biblia a cada uno de sus predicadores, y ellos buscan el pasaje correspondiente y leen una frase o dos por vez. El pastor repite el pasaje y luego se larga a enhebrar historias, representar ejemplos, y emitir advertencias que despiertan carcajadas. Cada tanto, un Piti sonriente le repite una frase a Eseline, acentuándola con un dedo. Sin duda, nos hemos internado en terrenos de San Pablo y sus admoniciones a las esposas para someterse a sus maridos y no cuestionarlos cuando dicen que en un par de horas partirán a la *République*.

Loude Sendjika está presente, mamando contenta del pecho de alguna joven madre. Va vestida con uno de esos trajecitos con exceso de volantes y detalles, que deben picar además de ser muy calientes, y un gorrito tejido que con seguridad le da aún más calor. El conjunto es color azul turquesa, que parece ser el tono preferido en esta zona del campo haitiano: el color de muchas puertas y postigos, de camisas y faldas y blusas, y sobre todo del despejado e infinito cielo de verano que nos cobija, y que no ha dejado caer nada de lluvia en dos meses.

En algún punto entre dos comidas, Loude Sendjika se nota inquieta. Me entretengo con la traviesa idea de entregársela a la novia para que la amamante, como desafío a todos los predicadores que la han regañado. Pero el corpiño del traje de Eseline es muy ajustado.

Al sentarme tras ella puedo ver que es un vestido mucho más grande que cosieron sobre su cuerpo para ajustarlo. Resulta ser alquilado, y todas las jóvenes del lugar se han casado con él. Una talla que se ajusta a todos los tamaños.

La mejor parte de la ceremonia, especialmente para los que no entendemos creole, son los cantos. Como no hay himnarios, y en todo caso la mayoría de los presentes no podría leerlos, alguno de los predicadores recita la letra y luego los invitados cantan, frase por frase, formando hermosas armonías, repeticiones hipnóticas y cánones. Los coros parecen alargarse eternamente, como si nadie quisiera dejar el encanto de la música.

Ahora vienen los momentos clásicos de toda boda, el intercambio de anillos y los votos, aunque con ligeros cambios: Piti le desliza un anillo en el dedo a Eseline, pero no recibe nada de su parte. Más tarde nos explicará que no pudo pagar más que un solo anillo. Al principio, la familia de Eseline insistió en que también le debía dar pendientes, y el asunto se convirtió en un obstáculo que retrasó la boda durante meses. Finalmente, su familia cedió. Me quedo pensando si quienes me pidieron mis joyas en Bassin-Bleu estaban en una situación semejante y necesitaban algún adorno valioso para entregar en una relación que exigía algo semejante.

En cuanto a los votos, en lugar de uno voto resumido que repite cada novio, el pastor lee una lista interminable, después de la cual cada uno debe repetir *"Wi paste"* (Sí pastor). La voz de Piti se oye segura y resonante, y la de Eseline es apenas un murmullo. La ceremonia termina con el novio y la novia de rodillas en la sábana, abrazándose, mientras que todos los predicadores se ponen de pie y levantan las manos, pidiendo bendiciones para los nuevos esposos.

Pero la ceremonia no ha terminado aún. Alguien trae una botella de champaña y la deja en un banquito en el centro de la habitación. Me desconcierta porque la religión evangélica de Piti prohíbe la bebida. Pero es otra de esas cosas que parecen ser una importación de las bodas occidentales tradicionales: no es un brindis sino una bebida ceremonial que sella el matrimonio. Por ser la madrina, se supone que debo descorchar la botella, sin embargo mis intentos son inútiles.

Bill se acerca para ayudarme, con la idea de darle un giro al corcho para que yo pueda hacer el resto. Pero en cuanto lo toca, el tapón salta y un chorro de espuma de champaña baña la mitad de la habitación. Sea lo que sea que esto significa en la iconografía de símbolos del matrimonio (sexo vigoroso, muchos hijos, una fuente de bendiciones), el bautizo de champaña produce un estallido de carcajadas. Me alcanzan una bandeja con cuatro vasos. Sirvo un poco en dos para los novios, y luego los otros dos, que resultan ser para nosotros, los padrinos. Bill y yo tomamos un sorbito temeroso, pues no sabemos si se supone que debamos circular nuestros vasos entre todos los invitados.

A estas alturas, todos sudamos profusamente, y a pesar de que ha habido una buena cantidad de "amenes" resonantes y un himno de salida, nadie da el primer paso hacia afuera. En lugar de eso, el padre de la novia se pone de pie, inspirado, para dirigirse a la pareja de recién casados. Es un hombre alto y delgado, vestido con lo que parece ser su ropa de trabajo. Como en todo caso Bill y yo no entendemos lo que dice, nos escabullimos al exterior.

Más tarde, Piti nos contará que el padre de Eseline estaba lleno de sinceras felicitaciones. Eso fue un gran cambio. En un principio, su futuro suegro había expresado muchas dudas con respecto a este joven que había dejado embarazada a su hija, y era comprensible que lo hiciera. ¿Quién podía saber en qué había andado metido Piti, tantos años en otro país? ¡Todo ese tiempo ganando bien y sin embargo no era capaz de comprarle unos pendientes a su novia! Pero cuando la comunidad supo que sus amigos americanos, para quienes había trabajado anteriormente, iban a atravesar Haití para asistir a su boda, el capital social de Piti se disparó. Su suegro ahora se siente seguro de confiarle a su hija. Con esto y nada más ya se justificó nuestro viaje a la boda de Piti.

¿Cómo se dice adiós en creole?

Poco después de terminado el discurso de su padre, la novia hace la ronda entre todos los asistentes que permanecen fuera, repartiendo besos, aceptando buenos deseos y despidiéndose.

Piti no la acompaña. Al no estar ya a merced del pastor y sus predicadores, va a hacer unos arreglos de último momento. Regresa vestido informal, con las maletas empacadas, listo para partir. La madrina de Eseline la apura para que vaya a cambiarse. Pero antes de que nos vayamos, las familias insisten en que debemos comer.

Nos conducen al cuarto de atrás, donde se ha dispuesto una mesa plegable. Las mujeres van y vienen de la cocina, llevando platos y utensilios (tenedor o cuchara, y hay que escoger entre ellos porque uno no puede tenerlos ambos). La comida va llegando poco a poco, en la medida en que cada plato está listo, pues estamos comiendo primero que los demás invitados. Primero aparece una olla de arroz mezclado con habichuelas de verdad, en honor a la ocasión. Poco después llega más caldo de habichuela; después la carne de chivo y por último, una fuente con plátanos hervidos, como si alguien en la cocina hubiera contado los platos y pensara "no son suficientes".

Piti y Eseline, ya vestidos para viajar, están sentados en el borde de la cama, y el resto de nosotros alrededor de la mesa. Al principio, Eseline se contenta con mirar su plato, triste y sin interés. ¡Tantos sucesos monumentales empaquetados en un solo día! Es comprensible que sienta mariposas en el estómago. La instamos a comer. Tenemos un largo camino por delante. Esta comida de boda tendrá que saciarnos hasta que lleguemos a Cap-Haïtien esta noche. Más tarde nos arrepentiremos de haberla presionado para que comiera.

Uno de los momentos tradicionales de las bodas por los que Piti y Eseline pasarán es partir y servir el bizcocho, que en realidad son tres bizcochos, dispuestos uno sobre otro en un soporte de madera forrado con papel de aluminio para que se vea más festivo. Parece que el glaseado de los bizcochos no hubiera sido suficiente porque todos tienen áreas sin cubrir, discretamente ocultas y puestas hacia el lado de la pared.

Antes de irnos, envuelven dos de los bizcochos en el papel de aluminio del soporte: uno es para Piti y su nueva esposa, y el otro para Bill y para mí. Eso significa que el resto de los invitados, al menos sesenta personas, compartirán el bizcocho restante, y no parece justo. En el fondo, creo que todos sabemos que eso no es justo: la injusticia de cómo están repartidos los bienes de este mundo. Pero este es uno de esos momentos en que no me hace falta hablar el idioma para darme cuenta de que sería una grosería rechazar la generosidad de nuestros anfitriones.

Finalmente, estamos listos para partir. ¿Cómo se dice adiós en creole? *Orevwa*, me contestan. *Orevwa, orevwa*, repito mientras abrazo al papá de Piti, al de Eseline, a Charlie, que se queda a comer con los demás invitados. La madre de Piti y yo nos alargamos en nuestro abrazo un instante más de lo necesario para despedirnos. ¿Cómo le digo que a menudo he pensado en ella? ¿Cómo le digo que sé lo duro que es verlos partir? Cuando nos separamos, ambas tenemos los ojos aguados. Así es como se dicen las cosas que son difíciles de expresar en cualquier idioma.

Bill, Eli y yo comandamos a nuestro grupo por el camino que sube al cerro. Es mediodía. Al detenernos en la cima de una montaña para descansar, podemos divisar la casita en el claro, a los invitados que se reúnen bajo la enramada, que reciben su comida ya servida.

Detrás de nosotros, más abajo, viene el desfile de los recién casados: amigos cercanos y familiares que acompañan a la pareja hasta donde está estacionada la camioneta. Pablo carga la maleta con las pertenencias de los novios y la bebé. Otro amigo lleva los dos bizcochos y un tercero lleva la botella de champaña. Eseline, con un vestido rosa y pañuelo en la cabeza del mismo color, viene con la bebé bajo una sombrilla que hace juego también. Cerrando el desfile va Rozla, la hermana preferida de Eseline, que le sigue en la secuencia de seis hijas y un único hijo. Tiene un vestido color salmón, idéntico al de Eseline a excepción del tono. Las dos hermanas tienen la misma contextura, la misma estatura, rasgos parecidos. De hecho, un desconocido que aún no supiera distinguir bien entre personas de otra raza bien podría confundirlas.

En la carretera, las hermanas se abrazan. Eseline se sube a la camioneta con expresión pétrea, y su hermana colapsa de llanto al pie de un mango. No tienen idea de cuándo se volverán a ver. ¿Cómo sobrevivirán a esta cruel separación? Dos hermanas que han pasado toda la vida juntas… "Dos lindas bayas modeladas sobre el mismo tallo. Así es como dos cuerpos visibles, no teníamos más que un solo corazón", como describe Shakespeare ese intenso vínculo entre mujeres en *Sueño de una noche de verano*. No solo el matrimonio es capaz de transformar en una sola el alma de dos seres independientes.

Piti intenta consolar a su nueva cuñada y después Pablo hace lo mismo. Pero no hay forma de calmarla, así que no sé ni para qué lo intento. La rodeo con mis brazos, y aunque no pueda entender español, le prometo que cuidaré a su hermana. Que nada malo les pasará a ella o a Loude Sendjika.

Mañana, cuando lleguemos a la frontera, sin la menor prueba de que ellas son la esposa y la hijita de Piti, cuando sintamos la frustración porque Piti nos haya metido en ese aprieto a su joven familia y a nosotros, cuando lo más lógico sería darles dinero para que vuelvan como puedan a Moustique o para que crucen el río con quienes pasan la frontera ilegalmente en la noche, recordaré esta promesa que le hice a la hermana de Eseline. No las abandonaré. Tampoco es que tenga otra alternativa, así no hubiera hecho ninguna promesa. Hay una línea que uno no puede cruzar y seguir considerándose un ser humano.

El largo camino a Cap-Haïtien

Ya pasado el mediodía llegamos a casa de Charlie a recoger nuestro equipaje, cambiarnos de ropa, y partir. Unos veinte minutos después de comenzar el movido trayecto, la comida que obligamos a Eseline a comer vuelve a entrar en escena.

Nos detenemos a toda prisa para que ella pueda salir y vomitar. Saco el alcohol de mi neceser, le humedezco la frente y le pongo la botella bajo la nariz. Una vez que se siente un poco mejor, nos volvemos a montar en la camioneta. Pero esto seguirá sucediendo a lo largo de las ocho horas entre la casa de Charlie y Cap-Haïtien, incluso a pesar de que ya no le quede en el estómago nada que vomitar.

Piti nos recuerda que Eseline ha montado en carro apenas unas cuantas veces, y que fue nada más hasta Gros Morne, a una hora al sur de Bassin-Bleu.

En su situación, no puede hacerse cargo de una bebé que llora. Me pasan a Loude Sendjika al asiento delantero. Desafortunadamente, no puedo hacer mayor cosa para calmarle el hambre. Pienso en todas esas madres que podían amamantarla en Moustique. Esta es la primera de las muchas pérdidas que Eseline y Loude Sendjika sentirán profundamente en las semanas y meses por venir. Si yo fuera ellas, también estaría llorando a gritos.

Parte de lo que incomoda a la bebé puede ser el calor. Está húmeda por todas partes pero ya revisé: no es orina. Le quito su gorrito tejido, que los papás han insistido en que lleve puesto, y le desabrocho el traje de manga larga. Debajo, tiene el torso ceñido con una tela blanca, asegurada con ganchos en la espalda. ¿Para qué diablos servirá? Para prevenir que se le agiten los órganos internos en el viaje, me explica Piti. Este es mi primer encuentro con esa prenda de vestir que aparece en la Biblia, los pañales que envolvían a Jesús al nacer, y en los que más adelante sus aterrorizados padres lo sacaron corriendo de Belén. Viajar al trote en un burro a través del desierto debe asemejarse a ir montado en una camioneta por las carreteras perdidas del interior de Haití.

Al no saber bien qué hacer para contentar a la bebé, empiezo a cantarle todas las canciones de cuna que recuerdo de mi niñez. Unas cuantas incluyen el nombre del bebé, y para no alterar el ritmo de la letra con el largo nombre de Loude Sendjika, improviso el sobrenombre de "Ludy", y parece pegar. Todos, y más adelante también Eseline y Piti, empezamos a llamarla así. Ludy se tranquiliza y me sonríe, su carita tan parecida a la de Piti.

Al poco tiempo, se le empiezan a cerrar los ojitos. Cada vez que pasamos por un cráter o que cruzamos un río, tengo miedo de que se despierte, pero sigue dormida. Para su pobre madre la cosa no es tan sencilla, luchando con las náuseas en el asiento de atrás. No podemos estar deteniéndonos constantemente, porque de lo contrario no llegaremos a Cap-Haïtien antes de la medianoche. Para evitarlo, nos redistribuimos para dejarla en una ventana, de manera que pueda sacar la cabeza y vomitar cuando haga falta. Pablo, Eli y Homero deciden irse en la cama de la camioneta. Prefieren el polvo a correr el riesgo de que les vomiten encima. Después de un rato, la agotada Eseline se recuesta sobre las piernas de su esposo y trata de paliar el mareo durmiendo.

Hacemos una parada en la gasolinera donde nos encontramos con Pablo, y nos despedimos de él. Allí tomará un mototaxi que lo lleve hasta la puerta de su casa, con la funda de su traje en una mano. Ese hermoso traje lo volverá a usar el domingo, cuando pida la mano de su novia para casarse. Le hemos dicho en broma que tendrá que organizar dos fiestas de boda: una en Haití y otra para sus amigos de República Dominicana.

—Estamos muy viejos para volver a hacer un viaje así —dice Bill medio en chiste.

Llenamos el tanque de la camioneta, y trato de convencer a Eseline de que baje y camine un poco por la gasolinera para quitarse la sensación de mareo. Piti se acuerda de que existe una pastilla que uno puede tomarse. Pero claro: ¡Dramamine! Suelo empacarlo en mi neceser, pero esta vez olvidé incluirlo en mis provisiones. ¿A lo mejor hay una farmacia cerca?

Piti pregunta y le responden que si damos vuelta y nos alejamos de nuestro destino, camino de Gonaives, pasaremos por una farmacia. Pero Bill veta el plan. Podría convertirse en una saga de varias horas tratar de conseguir medicina occidental en pleno corazón del campo haitiano.

Cae la noche, llegada a Cap-Haïtien

Hemos vuelto todos a la cabina: Homero, en el lugar del copiloto que le cedí, luego de prestarnos el valioso servicio de viajar durante horas en la parte de atrás. Eseline, Piti, Eli, Ludy y yo estamos hacinados en el asiento trasero, alternándonos para acomodarnos, uno con la espalda recostada y otro no. No es cómodo, pero es mucho mejor que el transporte público al cual Piti no quería someter a su bebé y su esposa. Tenemos aire acondicionado y somos cuatro, y no cuarenta, embutidos en un espacio estrecho.

A medida que las sombras se alargan y cae la noche, la carretera se pone como boca de lobo. Eso era precisamente lo que tratábamos de evitar al partir justo después de la boda. Piti se acuerda de cada cráter, de cada zona con deslizamientos de tierra, de cada obstáculo, y alerta a Bill con calma para que tenga cuidado. Mi función es la opuesta, pues yo no hago más que lanzar exclamaciones de asombro... cada vez que caemos en un bache profundo; o que un camión de combustible viene a toda velocidad por la curva y nos arrincona al borde del camino; o que viramos bruscamente para evitar un montón de tierra y prácticamente atropellamos a un niño que va caminando por la orilla de la carretera.

La carretera se empieza a llenar; autobuses, camiones, algunos carros; casas a lado y lado. Un aviso con una flecha confirma que estamos cerca de Cap-Haïtien. Para este momento, son las ocho en punto, y está completamente oscuro, oscuro de verdad. No es la noche urbana de un país desarrollado con luces en las calles, anuncios de neón, edificaciones encendidas que convierten en día la noche. A excepción de unos pocos tramos privilegiados con electricidad, la carretera es oscura y la gente es oscura y resulta difícil distinguirla cuando va caminando por las orillas de la carretera. Mis exclamaciones ocasionales ya pasaron a ser permanentes.

Finalmente llegamos a Okap, que es el sobrenombre cariñoso que le han puesto los haitianos a la segunda ciudad más grande del país. Las calles son más estrechas, las casas están más próximas, y hay más luces. Lo que buscamos es el hotel Les Jardins de l'Océan, recomendado por Madison, ubicado "en el Carenage justo donde termina el Boulevard de Mer". Ingenuamente suponemos que esas indicaciones son suficientes. Al fin y al cabo, nos encontramos con Pablo en "la gasolinera camino de Ennery" y a Piti "en Bassin-Bleu".

Pero veinte minutos más tarde seguimos dando vueltas en la cuadrícula de calles sin nombre. ¿Dónde diablos queda el hotel Les Jardins de l'Océan? Los transeúntes a los que preguntamos se ven pensativos, como si meditaran una cuestión filosófica, para luego negar con la cabeza. Finalmente encontramos a un hombre joven que sabe exactamente dónde queda y se ofrece a venir con nosotros en la camioneta para que no nos volvamos a perder.

Incluso sin conocer la ciudad, sabemos que hemos llegado al Boulevard de Mer, y no solo por el simple hecho de que vaya paralelo al mar. Hoteles, bañados de luz, rodeados por palmeras que se mecen al viento, bordean la avenida. No llega a ser Graham Greene, pero esta zona sí me da otra sensación. Me recuerda ese momento de *El gran Gatsby*, cuando Nick se pregunta en voz alta qué es lo que tiene de especial la voz baja y seductora de Daisy, y Gatsby le contesta: "Su voz está llena de dinero".

Okap conoce la sensación de "estar llena de dinero". Hace tiempo, en los siglos XVII y XVIII, Cap-Français, como se llamaba entonces, era la rica capital de la colonia más rica del mundo. Pero la ciudad también ha tenido su cuota de tragedias. Los incendios la han destruido tres veces, en 1734, 1798 y 1802. Y luego un terremoto la borró del mapa en 1842. *Sic transit gloria mundi.*

Pero esta noche, exhaustos y hambrientos, estamos listos para un poco de *gloria mundi*. Según Madison, Les Jardins de l'Océan pertenece a una mujer francesa, Myrième, y su hijo que es chef. "El restaurante es bastante bueno", mencionaba Madison en uno de sus correos electrónicos. Cuando lo leí en Vermont, no hice mucho caso a su recomendación culinaria. Pero ahora, brilla a lo lejos como la promesa de un paraíso tras una larga estadía en el purgatorio.

El hotel no queda exactamente sobre el bulevar sino en una calle lateral oscura y tortuosa. Nos metemos en una zona de estacionamiento al pie de una empinada escalera de entrada que lleva a la gran casa construida en la colina. Uno a uno vamos saliendo de la cabina, somos un grupo sucio y andrajoso. Ya para cuando estamos todos afuera de la camioneta aparecen dos maleteros que han bajado las escaleras para ayudarnos a desmontar el equipaje y mostrarnos dónde estacionar.

Subimos hasta el lobby, en fila india, como montañistas agotados. Entramos y descubrimos una gran habitación con el restaurante al fondo y una terraza que mira al océano. Sentada ante una mesa larga, cual araña en el centro de su tela, hay una mujer blanca y corpulenta, con pelo gris muy corto. Nada escapa a su mirada: cualquier movimiento debe pasar frente a ella: hacia el restaurante que tiene enfrente, a la cocina que está detrás, a la escalera que lleva a las habitaciones, situada a su izquierda. En la mesa que se encuentra a su lado tiene tres teléfonos celulares, una calculadora, un libro de contabilidad en el cual ha estado cerrando las cuentas del día, y un vaso grueso que debe contener alguna bebida alcohólica. Madame Myrième, supongo.

Los acerados ojos azules de Madame nos requisan. Quienes trabajan en un hotel deben desarrollar un instinto que les indica quién puede implicar problemas y quién no, sobre todo en zonas remotas y complicadas del mundo. Pero Madame no puede reconstruir nuestra historia y eso debe resultarle preocupante. ¿Seremos misioneros inofensivos? ¿Trabajamos para un organismo de ayuda? ¿O estaremos llevando contrabando? ¿Cuál será nuestra relación con los jóvenes haitianos? ¿Y con el precioso bebé? ¿Será que Bill y yo somos una pareja sin hijos a la espera de adoptar al bebé? ¿El joven pelirrojo es nuestro hijo? Y si es así, ¿por qué queremos un bebé? ¿Y quién diablos es Homero?

Los maleteros han terminado de subir nuestro variado y empolvado equipaje. Parece que fuéramos a quedarnos una buena temporada: tres maletas, varias mochilas, una neverita portátil, una enorme caja de cartón que contiene nuestros mosquiteros y otras cosas que se desbordan por encima, dos bizcochos de boda, una botella de champaña barata abierta, y una funda con un pañal sucio que ha servido también para que Eseline vomite. ¿Habrá un sitio donde la podamos tirar a la basura?

Pero la afrenta imperdonable para esta mujer es que yo me dirija a ella en inglés. ¿Tendrá habitaciones disponibles? Ella no habla *anglais*, me responde en *français*, negando vehementemente con la cabeza. Así que cambio a español. Otra negación categórica. Español tampoco.

—*Votre ami*, Madison Smartt Bell… —digo desesperada, jugándome mi última carta.

De nuevo, Madame Myrième niega. No conoce a nadie llamado así.

Una vez más, Homero viene al rescate. Algunos años atrás, fue enviado a Francia a un curso de tres meses sobre análisis del café. Solía hablar francés con fluidez, así ahora sienta el idioma un poco oxidado. Pronuncia el nombre de Madison de manera que suene en francés. La expresión de Madame cambia. Repite el nombre de Madison, que suena aún más francés. Por supuesto que tiene habitaciones para nosotros.

Madame se dirige a uno de los maleteros para que nos muestre qué tiene disponible, sujeto a nuestra aprobación. ¿Estará bromeando?

Habitaciones y baños limpios con agua caliente, electricidad, ventilador de techo, aire acondicionado, televisión por cable y un chef francés en el comedor. ¡Claro que las queremos! Bill le entrega su tarjeta VISA, ya que Madame sí acepta tarjetas de crédito del mundo angloparlante: ochenta y cinco dólares por habitación, desayuno continental incluido. Seguimos a nuestro maletero con su manojo de llaves, cada una atada a una tablita que tiene tallado el número de la habitación. En el segundo piso, Bill y yo escogemos dos cuartos contiguos, para que Piti y Eseline estén junto a nosotros. Así podremos ayudarles con la bebé y también con cualquier instrucción que haga falta para usar los aparatos de su habitación. Por la manera en que han estado observando todo, con ojos asombrados, intuyo que ninguno de los dos ha tenido que manejar los botones de un aire acondicionado o ver qué hay en la televisión con el control remoto.

Quedamos en vernos en el restaurante tan pronto como podamos pues el maletero nos informa que cierra a las nueve, o sea en quince minutos. Bill se ducha rápidamente y baja a toda prisa al restaurante. Le pedí que ordenara por mí. En realidad no me importa mucho lo que pida, mientras sea vegetariano y venga precedido de una copa de vino. Una gran copa de vino blanco. Al desvestirme caigo en cuenta de qué es el olor que he venido sintiendo en mi ropa: champaña del baño que Bill nos dio a todos al tratar de descorchar la botella. Otra razón por la cual Madame puede haberme mirado raro: apesto a alcohol.

Tan pronto como cierro la ducha, oigo a la bebé que llora en la habitación de al lado. Pobre Eseline, pienso, necesita descansar y recuperarse. El llanto sigue y sigue, y finalmente cruza esa línea entre llorar de hambre y chillar de rabia. Me visto y me apuro en llegar a la puerta, que no tiene llave, para encontrarme a la bebé sobre la cama y sola. En ese momento, Piti llega corriendo al cuarto. Resulta que Madame oyó llorar al bebé desde su puesto en la planta principal (ya dije que no perdía detalle de nada) y fue al comedor a informarles a los padres.

—Piti, ¿dejaste a la bebé sola? —me preparo para darle un sermón sobre crianza, pero miro su carita redonda y preocupada y me digo que más vale dejarlo pasar. Ya ha tenido un día duro, con regaños de seis predicadores y un pastor. Además, es un papá nuevo pues hace apenas dos semanas que conoció a su hija. ¿Qué va a saber de cómo criar un bebé? Incluso la misma Eseline, que le lleva cuatro meses de ventaja en cuanto a eso de cuidar un bebé, pensó que no había problema con dejar a Loude Sendjika sola, sin una barricada de almohadas para mantenerla en el centro de la cama, y con la puerta cerrada, de manera que no la podían oír llorar.

Piti y yo bajamos al comedor juntos, y llevo a la bebé en mis brazos. Madame nos mira pasar y leo en su mirada que aún no ha logrado descifrar nuestra historia. Pero yo tampoco he descifrado la suya. ¿Cómo es que una francesa de mediana edad va a parar a Cap-Haïtien con su hijo chef?

Por ahora, ha cerrado el libro de contabilidad y tiene un trago recién servido ante sí. A lo mejor ella también tuvo un largo día.

—Bonsoir, Madame —le digo.

Ella se limita a asentir cuando paso.

Para qué se inventó el vino

Todo nuestro grupo ya está sentado a la mesa, cada quién con su vaso en la mano, tintineando con hielo. Mi lugar está junto a Eseline, que se ve perpleja ante tantos platos y cubiertos que tiene frente a ella. Imita todo lo que hago, salvo al ordenar su comida. No es vegetariana, y debe estar muerta de hambre. Homero nos traduce el menú. Los platillos suenan muy franceses: cordero con ciruelas pasas sobre cuscús; conejo en salsa de borgoña; mero con puré de papas y guarnición de mango; una crepe coronada con verduras salteadas en mantequilla, la única opción vegetariana.

Piti pide chivo, como era de esperar y mira a Eseline pensando que seguirá su ejemplo sin duda alguna. Pero ella insiste en el mero, una opción sorprendente ya que es un pez de mar y ella ha vivido siempre tierra adentro, en el campo haitiano. Hasta el mismo Piti cuestiona su decisión. ¿Está segura de querer pescado? Ella asiente, sin vacilar. A lo mejor comió pescado la vez que fue a Gros Morne, o ha oído hablar de él y quiere probarlo. Un plato asociado con viajes, emociones, todo un mundo más allá de su limitado horizonte en Moustique. Recuerdo mi llegada a Nueva York, a los diez años, y que los sándwiches de queso derretido y la tarta de manzana con helado me produjeron la misma sensación. Es lo que comen las familias en la televisión. Mi esposo diría que, por ser vegetariana, mis gustos culinarios no han progresado mucho desde entonces.

Parte de mi frustración por no hablar creole tiene que ver con que no puedo conversar con Eseline sobre todo lo que le está pasando (así como tampoco me enteraré de la historia de Madame por no hablar francés). ¿Qué piensa Eseline de este lugar? ¿Qué está sintiendo? La expresión de su cara ha sido inescrutable todo el día, y no ha pronunciado más que unas cuantas palabras, murmuradas al oído de Piti. Más preocupante es ver que no parece interesarse en lo más mínimo por su linda niña. Al pensar en la despedida de su hermana y el largo camino en carro con el mareo, puedo imaginarme que sigue en estado de conmoción. Tantos cambios drásticos en su vida en las últimas veinticuatro horas.

Se reanima con la llegada del pescado. Tras un rápido examen, se lanza con cuchillo y tenedor sin dificultad alguna para comer las enormes porciones que hay en su plato (bien poco características de la cocina francesa). El silencio cae sobre el grupo, pues estamos todos dedicados a comer deliciosamente. De vez en cuando Bill y Homero rompen la calma para manifestar lo maravilloso de sus platos.

Después del plato principal, Eseline y yo apuramos el postre y subimos a nuestras habitaciones, dejando a los hombres atrás. A ambas se nos han estado cerrando los ojos y Ludy está profundamente dormida en mis brazos. Frente a su puerta, aguardo a que Eseline la abra antes de entregarle a la bebé. Pero en lugar de eso, ella toma a su hijita y me entrega las llaves. De repente caigo en cuenta: probablemente nunca ha tenido que abrir una puerta con llave en toda su vida. Una vez que queda dentro de la habitación, voy a la mía y tras una veloz cepillada de dientes y una lavada de cara, me dejo caer en la cama. Quedo dormida al instante, con ese sueño profundo de la infancia, antes de que haya preocupaciones que lo perturben, cuando uno apenas se recostaba en la cama y casi al momento ya iba a la deriva en el sueño.

Un rato después (¿una hora? ¿quince minutos?) oigo a Bill entrar al cuarto, o al menos creo que es él (una vez leí una historia poco creíble de una mujer que demandó a un tipo que le hizo el amor "con el pretexto de ser su marido". Se había colado en su cama una noche, mientras ella dormía tan profundamente que no se dio cuenta de la diferencia. Después de esa noche en Haití, ahora creo en la historia de esa mujer). Mi sueño es tan profundo y reparador que me olvido del cruce de la frontera mañana, de las picaduras de zancudos que pueden contagiarnos la malaria, el café que bebimos, preparado con agua que quién sabe si hervirían lo suficiente.

En mi humilde opinión, que podrá tener limitaciones culinarias, este efecto soporífico que aligera las cargas es la razón por la cual se inventó el vino. Puedo imaginarme lo que Madame Myrième y su hijo el chef piensan de mi opinión.

21 de agosto, regreso a casa

Desayuno en el Hotel Les Jardins de l'Ocean

Me encanta despertarme a orillas del mar. Se parece tanto a las aguas del sueño que el día se va colando en la consciencia antes de que uno llegue a abrir los ojos.

Primero, uno lo huele: un aroma salado que cosquillea las fosas nasales, como si la propia tierra estuviera sudando. Después, lo oye: el sonido de las olas que llegan a la playa, el tintineo de los aparejos que golpean los mástiles de los barquitos atracados. El cielo que se ve por la ventana parece haberse empapado del tono azul más intenso y soñador del mar.

Tan solo una nube opaca el cielo azul de mi día: tendremos que cruzar la frontera en unas cuantas horas y, no importa lo que Piti ha venido diciendo, dudo que nuestra palabra baste para los guardias nos crean que Eseline es su esposa y Ludy, su bebé. Además, las esposas y los hijos necesitan tener sus documentos. Si no, todos los hombres pobres con visa para entrar a países más ricos serían polígamos.

De camino al desayuno, paso por la habitación de al lado para decirles a Piti y Eseline que nos vemos en el restaurante. Están sentados en el borde de su cama doble, empequeñecidos y asustados. La maleta está cerrada a sus pies, la bebé en brazos de su madre. Me pregunto cuánto llevan esperando a que uno de nosotros vaya a buscarlos. Huele mal en la habitación. Miro alrededor. Las ventanas están cerradas, y no han encendido ni el abanico del techo ni el aire acondicionado. En el baño, el inodoro ha sido usado pero nadie lo descargó. Es mi culpa. Anoche estaba demasiado cansada como para darle a Eseline un cursillo rápido para poder hacer uso de las comodidades de la habitación.

Abajo, Madame Myrième ya está en su puesto, con el libro de contabilidad abierto y los tres celulares alineados junto a la calculadora.

—*Bonjour, Madame* —y esta vez sí recibo un *bonjour* a cambio.

Con el desayuno de huevos y tostadas con mermelada, y un café aguado al estilo americano que hace que Bill mueva la cabeza de un lado a otro ("¡Deberían ir a Moustique para aprender a hacer café!"), hablamos de los planes del día. Tenemos que cruzar la frontera antes de que cierre, a las cinco de la tarde. ¿Y tal vez podríamos pasar parte del día conociendo la ciudad? Por haber sido la capital colonial, Cap-Haitïen está inmersa en la historia: según cuenta la leyenda, la revuelta de esclavos que terminó llevando a la independencia comenzó cerca, en Bois Caiman, durante una ceremonia de vudú. Sería grato hacer un paseo con Piti y Eseline, quienes conocen muy poco de su propio país. ¡Además es su luna de miel!

Pero al conversarlo con Homero, cambiamos de idea. Hoy es viernes, día de mercado en la frontera. Hay multitudes que van y vienen entre los dos países, comprando y vendiendo todo tipo de cosas, desde ropa hasta repuestos para carros, desde sacos de carbón hasta botellas de ron, desde celulares hasta productos del campo. Lo malo

de toda esa aglomeración es que el tráfico queda prácticamente para-
lizado. Hay camionetas, burros, carretillas, carretas y también hombres y mujeres llevando carga que se mueven lentamente por el
puente. Lo bueno es que durante el apogeo de este caos de compradores, los guardias no se molestan en revisar los documentos. Pero a
medida que se acerca la hora de cierre, la seguridad se hace más es-
tricta. Cada vehículo y cada peatón son objeto de escrutinio. Es pre-
ferible que atravesemos en pleno día de mercado, y ojalá, si cruzamos
los dedos, pasaremos sin que nos hagan parar.

Para mí no cabe la menor duda de qué debemos hacer. Además,
¿cómo podríamos disfrutar de la visita turística cuando la preocupación por lo que pueda pasar en unas cuantas horas en la frontera
pende sobre nuestras cabezas? Cada vez me siento más enredada
en una vieja historia, aunque esta vez involucra a una familia haitiana y no a una familia sagrada, y sucede en una isla del Caribe y no
en el desierto de Judea. Pero tiene sentido pensar que si un redentor
de los pobres y desamparados, los marginados, decidiera volver a este
mundo, escogería el país más pobre del hemisferio para nacer allí.

Una buena taza de café, algo de Dramamine

Antes de irnos de Okap, decidimos dar una vuelta rápida por la
ciudad. "Vuelta rápida" es una expresión imposible de usar en
relación al tráfico de Cap-Haïtien. Durante los días laborales, es difícil moverse sin encontrar obstáculos: enormes camiones estacionados en doble y triple fila para descargar; las mercancías se exhiben en
sábanas tendidas en la propia calle; los peatones se abren paso por
entre los vehículos detenidos, empujando carretillas o con bultos cargados en la espalda. Los coloridos tap-taps, pequeñas camioneticas

que sirven como principal medio de transporte, ostentan sus curiosos nombres en la parte superior del parabrisas, escritos en creole, francés, inglés. ¿De dónde sacan sus dueños la idea de ponerles esos nombres?, me pregunto. Algunos resultan obvios: Passion, God Bless, Merci Jésus, Tout est posible. ¿Pero qué hay de Illusion o Mamma mia o Rabbi o Kreyòla? ¿Y no debían preocuparse por espantar posibles pasajeros con nombres como Dezespere, desesperación?

No paro de sacar fotos desde la camioneta. Pero cada vez que bajo la ventana, se me acerca un vendedor por más que niegue con la cabeza, como si lo que no me interesa cuando lo veo a tres metros me fuera a parecer irresistible al tenerlo encima de la cara.

Después le escribiré a Homero un correo electrónico, preguntándole qué fue lo que más lo asombró de Haití a él, como dominicano. "El hecho de que, a pesar de tanta pobreza, de la falta de dinero, de los problemas de la economía, en todos los sitios adonde fuimos había gente vendiendo cosas: mangos en la carretera a Bassin-Bleu o repuestos para carro y piñas en Cap-Haïtien, o incluso los refrescos y cigarrillos en la boda. Pero, ¿quién compraba?". En el caso de los mangos, supongo que nosotros. Pero Homero tiene razón. A lo largo de las calles de Okap no veo a nadie comprando, pero casi todo el mundo quiere vendernos algo.

¿Qué fue lo que más me llamó la atención a mí? Los blancos tanques de la ONU que se movían lenta y subrepticiamente por las calles. Es cierto que no estoy muy al día en cuanto a noticias de Haití, pero el único enemigo que vi allí fue la pobreza.

Como tener un objetivo siempre ayuda a que una visita turística tenga cierto sentido, decidimos buscar una farmacia para conseguirle a Eseline pastillas de Dramamine. A pesar de que las carreteras de aquí en adelante serán mucho mejores, aún nos queda un trayecto de una hora hasta la frontera y después otro de tres horas desde Dajabón hasta la casa de mis padres en Santiago, donde pernoctaremos. Queremos evitarle a ella y a nosotros una repetición de la epopeya de ayer. Bill también quiere buscar un lugar dónde tomarse una taza de buen café haitiano antes de dejar el país.

Pero bien podríamos ser los caballeros de la Mesa Redonda en busca del Santo Grial. Nos perdemos y acabamos detenidos en el tráfico hasta estar casi dispuestos a rendirnos. Piti le pregunta a un transeúnte, que nos dice que hay una farmacia cerca de la catedral, en la plaza principal. Estamos muy cerca, es muy fácil llegar. Ya deberíamos saber a estas alturas lo que significan esas frases: "muy cerca, muy fácil". Es casi como si el país se dispusiera a demostrarnos que nunca llegaremos a adivinar sus misterios, pues tras unas cuantas vueltas, nos topamos con la hermosa catedral blanca en una plaza grande y elegante.

Estacionamos y vamos en busca de la farmacia mientras Bill se queda de guardia para que no le suceda nada a nuestro equipaje. Eseline y la bebé aguardan también en el asiento trasero. Por alguna razón, no ha querido bajarse en ninguna de nuestras paradas, como si fuera un pájaro enjaulado que prefiere la seguridad de su encierro a la peligrosa libertad que hay más allá.

Mientras Homero y Piti continúan su misión en busca de Dramamine, Eli y yo nos apartamos para echar un vistazo al interior de la catedral. Quince minutos después, cuando nos reunimos en la camioneta, Homero y Piti nos informan que no pudieron dar con la farmacia. Pero Bill tuvo más suerte. A unas cuantas casas del sitio donde estacionamos, en un pequeño restaurante, consiguió la mejor taza de café de todo Haití, según él (mejor incluso que las de Moustique, sí). Y después ocurrió un incidente desconcertante. En el rato en que nos esperaba, una mujer le llegó gritando desde el otro lado de la calle, regañándolo en un sermón enojado que parecía que nunca fuera a acabar. La gente se detenía a ver; los que trabajaban en las tiendas salían a mirar.

—¿Sabes cuál era el motivo?

—No hacía más que repetir la palabra *"blan"… blan* esto, *blan* lo otro… —Un blanco; una camioneta gris y grande; una muchacha haitiana con su bebé en al asiento trasero… Bill podía imaginarse muy bien lo que esta mujer estaría pensando.

Pero no tenía idea de lo que iba a hacer la mujer. ¿Iba a alborotar a los mirones? ¿Iba a atacarlo ella misma? Al final, otra mujer, de un quisoco callejero de refrescos, le dijo algo a la enojada y le dio una botella de agua que pareció apaciguar su rabia. Atravesó la calle de nuevo, mientras le gritaba más cosas a Bill.

—Lo lamento —le digo.

—No es nada —dice él, encogiéndose de hombros para sacudirse el asunto de encima. Pero a partir de entonces, siempre que habla de este viaje a nuestros amigos en cenas y demás, Bill mencionará este momento. Es como si no pudiera evitar volver a él, de la misma manera en que la lengua sigue investigando el lugar de un diente ausente. De la misma forma en que yo no dejo de pensar en la niña de Bassin-Bleu que quería una de mis prendas y yo no le di ninguna.

En realidad, es raro que este fuera el único incidente racial que tuvimos, sin contar los niños aterrorizados por nuestra piel blanca. Haití ha tenido una historia llena de conflictos raciales, y no solo en tiempos de la colonia, y tampoco únicamente entre negros y blancos sino internamente, de generación en generación, la elite mulata más clara contra los *noirs* más oscuros; los *noirs* que no confían en los *griffes* o en los *jaunes*.

Pero claro que el principal blanco del odio era los blancos que alguna vez fueron los esclavizadores. En el momento en que Haití se fundó como país libre en 1804, Boisrond-Tonerre, uno de los firmantes de la declaración de independencia, señalaba que ese documento "debía estar escrito sobre la piel de un *blan* a modo de pergamino, con su cráneo como tintero, su sangre como tinta, y una bayoneta por pluma". Fue bueno enterarme de este comentario *después* de haber estado en Haití.

Antes de salir de Okap hacemos un último intento por encontrar la farmacia. Varias personas nos han confirmado que a unas cuantas cuadras, por un callejoncito, está lo que buscamos. Y efectivamente, como si Haití estuviera decidido a sorprendernos una vez más, como un rescate de último minuto, como el caballo flaco que gana la carrera, encontramos el minúsculo local. No es más grande que un pasillo, un estrecho corredor entre dos edificaciones, fácil de pasar por alto. Las paredes están tapizadas de estantes hasta el techo, los estantes cubiertos con plásticos y escasamente aprovisionados con frascos y cosas varias como un juego de *Trivial Pursuit*.

La dependienta, una mujer de mediana edad con una blusa que desborda de enormes y brillantes flores rosadas y grandes aretes que le hacen juego —imposible de pasar por alto— hace señal de asentimiento. Por supuesto que tiene pastillas de Dramamine. ¿Cuántas vamos a querer? (Todas las pastillas se venden por unidad). Tres serán suficientes, decide Piti. La primera no servirá de nada, pues Eseline se la toma de inmediato y diez minutos después, ya en el camino, la vomita. Pero la segunda sí funciona.

Con ambas misiones ya cumplidas, nos lanzamos hacia la frontera. De alguna manera, el incidente de la mujer furiosa parece una señal de que ya no somos bienvenidos en Haití, por habernos quedado más tiempo de la cuenta. Pero incluso después de irnos, seguimos pensando mucho en Haití, de forma desproporcionada si se toma en cuenta el escaso tiempo que permanecimos allá. De regreso en los Estados Unidos, una amiga nos contará que tuvo una reacción semejante tras viajar a Brasil muchos años atrás. "Es algo que te frena en seco, en cuerpo y alma. Cuando algo causa impresión, ¿qué obligación tenemos? Es una pregunta fundamental, y la respuesta me abruma".

Tranquila, tranquila

Camino de Ouanaminthe, procuro meditar. En lugar de usar mi viejo mantra "Bassin-Bleu, Bassin-Bleu", ahora entono "Tranquila, tranquila". De otra forma, voy a perjudicar a nuestro precioso cargamento si me veo nerviosa. Además, ya tenemos prueba de que no importa cuántos gestos negativos haya, los problemas pueden resolverse en la propia frontera.

Y hay una parte de mí que, a pesar de mis enormes dudas, quiere creerle a Piti, que sigue insistiendo en que la oficina de inmigración en el lado haitiano podrá darnos un pase temporal para su esposa y su hijita.

—Pero Piti —lo interrumpo una y otra vez—, no puedes probar que ella es tu esposa. La bebé no tiene acta de nacimiento que pruebe que eres su papá —Aunque, claro, no hay sino que mirarle la carita para ver la viva imagen de Piti.

Nos detenemos en el puesto de migración en el lado haitiano. Piti se baja para hacer las averiguaciones, mientras el resto de nuestro grupo lo espera en el vehículo, incluidas Eseline y Ludy. A medida que transcurren los minutos empiezo a preguntarme si habrán arrestado a Piti. *Tranquila, tranquila*, me digo una y otra vez.

Eseline también está inquieta. Se ha venido sintiendo bien desde la segunda pastilla de Dramamine. Pero ahora mira a su alrededor, perpleja ante la multitud del mercado que rodea la camioneta. Adondequiera que uno mire, hay puestos provisionales, carretillas rebosantes

de ñames, plátanos, naranjas, grandes atados de pañales desechables, sillas de fibra vegetal, ropa, un nudo de motocicletas, camiones, carros y carretas. Aquí se ve abundancia de compradores, entre ellos muchos dominicanos que compran mercancía barata en el lado haitiano, y luego cruzan el puente y la revenden al doble o triple del precio.

Piti sale de la pequeña edificación de madera, y su cara redonda de niño se ha convertido de repente en la de un hombre preocupado. Los funcionarios haitianos le han dicho que no pueden hacer nada por él. Que tendrá que preguntarle a su contraparte en el otro lado.

—¿Preguntar qué? —lo interrogo, exasperada.

—Que si puedo entrar al país con mi esposa y mi bebé —responde, como si Eseline y Ludy fueran piezas de equipaje y no dos seres humanos.

¿Cómo pudo creer Piti que se saldría con la suya? (¿Y cómo pude creerlo yo?). Ambos sabemos cómo tratan los dominicanos a los haitianos. En nuestra propia comunidad rural, unos y otros viven apaciblemente y trabajan juntos. Pero esta armonía es la excepción y se ve punteada por chistes, comentarios racistas, un prejuicio ciego que es aún más sorprendente por venir de quienes también han sido víctimas de la opresión y la pobreza. Una vez, un grupo de dominicanos que trabajaban en la finca vino a quejarse de que los haitianos ganaban el mismo salario diario que ellos. Y sin embargo, si no fuera por la mano de obra haitiana, la agricultura dominicana, y también muchos otros sectores de la economía, quedarían paralizados. A pesar de esta interdependencia, y esto lo digo con vergüenza, un haitiano pobre no puede aspirar a tener derechos en suelo dominicano.

En este momento, lo que siento es frustración porque Piti haya puesto a su mujer y a su bebé en semejante situación. Parece que vamos a tener que dar media vuelta y conducir las diez horas de regreso a Moustique. Eso, o que Piti encuentre la manera de cruzar el río Masacre en la noche con la ayuda de un alguien que se dedique a eso.

—Mi esposa, mi bebita —suplica Piti insistentemente, como si tuviéramos la capacidad de obrar milagros.

Lentamente nos abrimos paso entre la multitud. La camioneta aparta a la gente a medida que avanza. Homero y Eli van en el platón pues nos advirtieron que cualquiera podía tomar una de nuestras maletas y huir con ella. Aunque en realidad no podría llegar muy lejos entre esta marea de personas, animales y vehículos.

En el otro lado, el teniente de los dientes de oro se nos acerca.

—¿Qué tal su estadía en Haití? —pregunta, estirando el cuello para mirar dentro de la cabina. Empiezo a parlotear sin parar, contándole de la boda, y que el viaje ha sido muy largo y nos alegra estar de regreso. Pero él no me presta atención. Su mirada cayó sobre la pareja de haitianos en el asiento trasero. *Tranquila, tranquila*, me digo para apaciguar el corazón que amenaza con salírseme del pecho, como si fuera mercancía de contrabando que necesito esconder.

—¿Y ellos qué? —hace un gesto con la cabeza para señalar a Piti y Eseline.

—Ah, él tiene su pasaporte y su visa —Le entrego los documentos de Piti—. Trabaja en nuestra hacienda —le digo al teniente, aunque técnicamente Piti sea el capataz de una finca vecina. Pero al teniente no le interesan los detalles anecdóticos. Toma el pasaporte, lo revisa y asiente: todo en orden. Lo devuelve y su mirada pasa de Piti a Eseline. Por primera vez desde que abracé el feminismo en mi juventud, quisiera que dos de mis hermanas de género fueran invisibles. Que Eseline y Ludy desaparecieran; que se convirtieran en meros apéndices de su esposo con su pasaporte y su visa.

Pero el teniente no se ganó sus dientes de oro por ser un chauvinista ciego.

—¿Y ellas? —la señala con un gesto de la cabeza—. ¿Y qué hay de sus papeles?

No suele suceder que me quede sin poder pronunciar palabra, pero esta es una de esas veces. Ni siquiera encuentro la manera de contarle al teniente la verdad, que no debería ser cosa difícil, en lugar de tener que inventar algo.

Una vez más, Homero salta al rescate:

—Teniente, tenemos un problemita. Nuestro trabajador tiene papeles, pero su esposa y su bebé, no. ¿Habrá manera de resolver esta situación?

Aunque parezca raro, el teniente no mueve la cabeza de un lado a otro. Debería imaginarme que eso es mala señal. No tiene que fingir ante cámaras ocultas. No hay nada que él pueda hacer para ayudarle a una haitiana indocumentada a entrar a República Dominicana. A pesar de que sí revisa los documentos, su autoridad se limita a los vehículos. Por eso fue que pudo ayudarnos con la camioneta cuando íbamos hacia Haití. No tendremos más remedio que ir a preguntar en Inmigración. Pero antes de que sigamos adelante, hay que fumigar el vehículo. Quién sabe qué se le habrá podido pegar en el país vecino, además de un par de haitianos indocumentados.

Un joven con un contenedor plástico amarrado a la espalda rocía cada una de las ruedas, y luego da un par de palmadas en la carrocería. Ya podemos seguir. El teniente nos hace señas de que avancemos. Bill atraviesa el patio con la camioneta y pasa bajo el arco que nos da la bienvenida a República Dominicana, y a media calle ya estamos en Dajabón, arrastrados por la multitud del mercado. Nadie nos detiene. Nadie viene tras de nosotros.

—Sigamos, sigamos —le grito a Bill en uno de mis escasos momentos a la Bonnie y Clyde.

—¡No, no, no! —ahora es Homero el que sacude la cabeza de un lado a otro. Esa sería una pésima idea. Tal vez aquí podamos seguir de largo sin pagar la entrada, pero entre Dajabón y Santiago hay al menos diez chequeos militares. En cuanto los guardias distingan haitianos en nuestra camioneta, pedirán pasaportes y visas. Las penas son graves: Eseline y la bebé serán deportadas, a los demás nos arrestarán y la camioneta quedará confiscada.

—Pensé que habías dicho que en día de mercado podíamos pasar sin problemas por la frontera —le recuerdo a Homero.

—Y pudimos, ya lo viste. Pero ahora tenemos que ver qué hacemos con los chequeos.

¿Qué sugiere él?

–El que tiene boca llega a Roma —dice, citando un refrán popular. Pero si uno es haitiano y quiere entrar a República Dominicana, eso ya es otra historia.

Homero, Piti y yo volvemos hacia el arco para entrar a Inmigración para que nos pongan los sellos en los pasaportes, pagar la entrada y, eso esperamos, resolver nuestro pequeño problema. Bill y Eli se quedan en la camioneta con Eseline y Ludy, para cuidar el equipaje. La oficina de Inmigración parece ser dos ventanillas que dan a un patio interior repleto de gente que se apretuja por llegar a ellas. Como dominicana digo, sin ánimo de insultar a nadie, que no tenemos el gen para esperar en fila.

Homero, Piti y yo nos unimos a la multitud, y muy pronto nos vemos frente a una mujer de mediana edad que ni siquiera se molesta en levantar la vista. Pagamos nuestras entradas, nos sellan los pasaportes, y después, tomándome la cosa a la ligera, abordo la cuestión.

—¿Qué podemos hacer con una mamá haitiana y su bebé que no tienen documentos? —La mujer, que ha estado haciendo su trabajo: recibir el dinero de las entradas, sellar pasaportes sin siquiera corroborar caras con fotos en forma automática, levanta la vista. A esta tonta más vale mirarla.

—Tiene que tramitar sus documentos en Haití.

—¿Y qué sucede si ya está aquí y necesita entrar al país ahora?

La mujer mueve la cabeza a lado y lado, son sacudidas de incredulidad más que negativas. No puede creer que haya alguien tan ignorante.

—Sin papeles no puede entrar a este país.

¿En serio? Mamá y bebé haitianas ya están en la calle principal de Dajabón. Pero sé que no tendría sentido morder la mano que podría aceptar algo por debajo de la mesa.

—¿Y qué hay de la solidaridad? Es una muchacha joven, con su primera hijita —es como si yo estuviera en un programa de televisión, tratando de conseguir el apoyo del público.

La mujer suspira. Tiene que volver a su trabajo. Pero el hecho de que no se moleste en echarme un sermón sobre las reglas que siempre son reglas me insinúa que esa regla se puede torcer.

—Habla con uno de los funcionarios de adentro, a lo mejor allí te pueden ayudar.

No queda más que mandar a un Daniel al foso de los leones y Homero tiene un buen historial en esos terrenos. Entra y trata de ubicar al funcionario con el que hablamos hace dos días. Me dirijo a la camioneta para darles a mis compañeros de viaje un reporte de lo sucedido, y dejo a Piti caminando de aquí para allá ante la puerta de la edificación, a la espera de saber cuál será el destino de su esposa y su bebé.

Cuando vuelvo al patio interior, Piti y Homero están sentados bajo un gran árbol frondoso cuyas raíces probablemente se extienden hasta Haití. Por lo que alcanzo a ver, parece que están sumidos en una discusión seria. Al principio me imagino que Homero está apaciguando al joven Piti ante las malas noticias de que Eseline y Ludy tendrán que volver a casa. Pero lo cierto es que Homero ha encontrado una solución.

Nadie ha requerido a Eseline en la entrada al país, en buena parte debido al caos del día de mercado. El problema vendrá, como lo predijo Homero, en los chequeos. Un vehículo particular con haitianos será obligado a detenerse. Pero hay autobuses que viajan de Dajabón a otras partes de la isla y que, por una pequeña suma de dinero, llevarán a un par de haitianas indocumentadas entre los demás pasajeros. En cada chequeo, el chofer de la guagua le pasa parte de esa suma a los guardias, que a cambio no revisan los documentos de todos los que van a bordo.

En realidad, es una situación que no tiene pierde porque los dominicanos que vayan en la guagua —que como dije antes no tienen el gen para esperar— no querrán aguantar el tiempo mientras revisan los papeles de todos y cada uno de los pasajeros. En cuanto al monto necesario, Homero tendrá que averiguarlo en la parada de guaguas, que queda un poco más abajo en esta misma calle. Primero, Piti tiene que aceptar correr el riesgo, pues no todos los implicados, en cada chequeo, en un día dado, están de acuerdo con este tipo de arreglo. Pero tampoco es que haya muchas otras opciones.

Piti escucha con atención y luego algo sucede en su cara de niño. Una seriedad varonil se pinta en sus rasgos. Es como si de repente se diera cuenta de lo que hizo. Y no me refiero a la irresponsabilidad de poner a su esposa y a su hijita en esta situación, sino a que en este momento se da cuenta de lo que implica formar una unidad con ellas dos.

Una amiga me contó hace poco que le había preguntado a un nuevo colega de Kenia si tenía familia.

—Sí, claro que sí —respondió él—. Tengo una familia grande… primos y tíos y abuelos.

Mi amiga le explicó que se refería al término "familia" como se entiende en Estados Unidos, o sea la familia nuclear, esposa e hijos. El hombre quedó sorprendido.

—Pero si soy yo.

Eseline y Ludy *son* Piti ahora. Asiente, aceptando correr el riesgo en nombre de los tres. Es un hombre del tamaño de un niño, que se hace cargo de una responsabilidad del tamaño de un hombre. Quisiera poder sacarlo de esta situación, obsequiarle mi mantra de "Tranquilo, tranquilo", pero hasta ahora no puedo afirmar que haya hecho mucho por calmar mi corazón ansioso.

Almuerzo con Castro en el Gran Hotel Raydan

Llegamos al Gran Hotel Raydan. Está en la avenida principal de Dajabón, diagonal a la parada y según Homero, que ha estado aquí antes, tiene un restaurante decente. Las pocas mesas de hierro forjado que hay en el patio delantero están desiertas. Es la hora más calurosa del día y las personas sensatas están adentro, bajo techo, con aire. Pero nosotros distamos mucho de ser un grupo sensato. Esperamos afuera, a pleno sol, mientras Homero y Piti cruzan a la parada para hacer los arreglos necesarios.

Vuelven entusiasmados, nerviosos, cargados de noticias. En unos cuantos minutos saldrá una guagua. En un principio, el despachador exigió dos mil quinientos pesos por llevar a la indocumentada Eseline a Santiago. De alguna manera, Homero convenció al tipo de que aceptara dos mil por Eseline (es casi preocupante lo bueno que se ha vuelto para estas cosas). Piti pagará la tarifa normal de doscientos pesos, por tener papeles en regla.

Nos apuramos a alistarlos. Su equipaje se quedará con nosotros, pero preparamos una funda de plástico con lo que pueden necesitar: el biberón de Ludy, un par de pañales del paquete que acabamos de comprar, queso y galletas, y una botella de agua. Eseline se toma la última pastilla de Dramamine. Eli le presta a Piti su celular, por si acaso… Dejamos esa frase inconclusa para saltar al final feliz. Nos veremos de nuevo en Santiago. Deberán llamarnos en cuanto lleguen. Eli marca mi número en el celular y se lo entrega a Piti.

Entre tanto, Homero, Eli, Bill y yo seguiremos el camino en la camioneta, por carreteras alternas. El temor es que si seguimos a la guagua, los guardias de los chequeos puedan sentirse presionados a montar todo un show de cumplimiento del deber para los americanos. Preferimos dejarle el camino libre a la guagua. Y como estará haciendo paradas durante el trayecto para subir y bajar pasajeros, primero comeremos algo en el restaurante. Deberíamos llegar a Santiago más o menos al mismo tiempo, para nuestra cita con ellos.

Homero y yo acompañamos a Piti, Eseline y Ludy, pero justo cuando vamos cruzando la calle, una guagua parte. Nos apresuramos a buscar al despachador, que cambia de expresión en cuanto nos ve. Nuestra guagua acaba de irse. Y ahora hay un problema más.

—No me dijeron nada de un bebé. Preferiría llevar diez hombres, o diez mujeres a tener que llevar un bebé.

—¿Y por qué? —pregunto desconcertada. Si el punto es mantener a raya a los haitianos que puedan quitarles el trabajo a los dominicanos, a Ludy aún le queda mucho por recorrer antes de llegar a ser competencia.

Nunca recibo respuesta de por qué un bebé implica semejante problema. Más tarde, Homero especulará que el despachador había aceptado con gusto los dos mil doscientos pesos porque la guagua estaba a punto de salir, una especie de precio de ganga. Pero ahora, con más tiempo, el tipo tiene margen de maniobra. Acabamos pagando otros mil pesos por la niña. La familia completa irá en la siguiente guagua, confirma el despachador, embolsillándose las papeletas.

¿Y eso cuándo será?

—Cuando se llene —nos dice. Mientras tanto, para no levantar sospechas, Piti y Eseline deben quedarse en la parte trasera de la parada para que nadie los vea. Eso lo indica con un gesto de la barbilla. Él irá a buscarlos cuando sea el momento. Se vuelve hacia nosotros con una expresión que indica "lárguense".

Mientras Homero espera, yo regreso con Piti y Eseline, ambos con cara de preocupación y nerviosos. Nos damos un abrazo y hay algo en el hecho de hacer un círculo, con la bebé en medio, que hace pensar en una ocasión que exige un énfasis espiritual. ¿Pero qué decir y a quién? Cuando una agnóstica se siente obligada a elevar una oración es un momento interesante.

—Dios mío, por favor mantén a esta familia bajo tu mirada de amor. Permite que nos encontremos todos sanos y salvos en Santiago —cuando abro los ojos, Piti y Eseline han bajado sus cabezas, tienen los ojos cerrados y la frente con pliegues de fervor. Solo Ludy me mira, una tímida sonrisa revoloteando en sus labios. Supongo que si Dios existe, es esta la manera en que nos visitaría, en la dulce carita de un niño.

De vuelta en el restaurante del Gran Hotel Raydan, oscuro por las paredes enchapadas en madera, Bill y Eli ya están en una mesa, con la vista clavada en los menús como si estuvieran leyendo una novela apasionante. Nuestro mesero, un corpulento personaje de mediana edad al que Homero ha visto en visitas anteriores, lleva el apellido Castro.

—¿Cómo está la revolución? —le digo en broma.

Castro suspira. Deben hacerle ese chiste a menudo. Tiene la expresión cansada, carente de sentido del humor, la mirada de un hombre que espera lo peor y casi nunca sale defraudado. Él también ha tenido un largo día y son apenas las dos de la tarde. Y nosotros somos un cuarteto complicado: dos vegetarianos (Eli es un vegetariano flexible. Con tal de no causar problemas come carne si no hay más);

un hombre que quiere comerse un chivo tan bueno como el que probó en Moustique (Bill), y otro que quiere de nuevo el delicioso plato que comió la última vez que estuvo aquí pero no recuerda qué fue (Homero). En el silencio que sigue a que finalmente logramos ordenar, entrechocamos nuestros vasos.

—¡Por Piti, Eseline y Ludy!

Media hora más tarde, cuando vamos saliendo del hotel, vemos otra guagua que deja la parada. Trato de distinguir rostros, pero las ventanas están tintadas y no veo nada hacia dentro. Como esa puede ser la que lleva a Piti, Eseline y Ludy, la bautizo con un nombre de buen augurio al oírlo acelerar, como los tap-taps que vimos esta mañana: Con la bendición de Dios, *Merci Jésus*.

Mèsi, Jezi, mèsi

El viaje de regreso a Santiago parece eterno y después me daré cuenta de por qué: estoy viviendo dos vidas paralelas.

En una de ellas, voy en una camioneta Toyota 2009 plateada, deteniéndonos en algunos de los lugares preferidos de Homero, que todos tienen que ver con comida. Haciendo honor a su nombre, Homero es el tipo de compañero que uno quisiera llevar consigo en un viaje. A primera vista no lo parece —es padre de familia con tres hijos pequeños, esposa, un puesto en una oficina del gobierno— pero tan pronto como empieza el viaje, se convierte en un espíritu libre, es un amante de la buena vida. Con él uno está seguro de pasarla bien, muy muy bien. Y si fuera necesario, es capaz de transformarse en el profeta Daniel que se mete a la cueva del león, o en un experto regateador que logra conseguir gangas hasta en los sobornos.

Vianela y su hijo Nelson nos venden dulce en yagua en la carretera a Loma de Cabrera. Es una especie de dulce de leche muy espeso con varios otros ingredientes (naranja, marañón, coco) que luego se envuelve en yagua, una especie de fibra que produce y desecha la palma. Compramos una libra y media y cuando Vianela pesa el trozo en su anticuada balanza romana, dice:

—Le falta conciencia para ser una y media —me fascina esta moralista de orilla de carretera en cuanto a la importancia de la precisión. Y tal vez porque estamos tan cerca de la frontera, me pregunto cómo habría respondido esa sutil sensibilidad ante la masacre de 1937.

En Loma de Cabrera nos detenemos a ver cómo se prepara el casabe a la manera tradicional, por Luisa y su equipo. Es un proceso largo, exigente, que deja los nudillos rasgados. Ahora la mayor parte del casabe del país se prepara con máquinas, en fábricas. Pero aquí es como si hubiéramos vuelto a las épocas precolombinas, cuando la isla se conocía como "Quisqueya, la madre de todas las islas". Las ruedas de casabe, del tamaño de pizzas, se apilan, adorablemente irregulares, lo cual las hace ver más frescas y caseras que las que se venden empaquetadas en el supermercado, perfectamente redondas, resecas y a medio desmoronar. De una de las vigas cuelga un viejo monedero de cuero, que sirve como caja registradora.

Alrededor de Luisa hay niños y hombres atareados en las diferentes etapas del laborioso proceso (pelar y lavar la yuca, rallarla o molerla, el primer remojo, el segundo remojo, dar forma a la rueda, aplastarla contra el burén, esa piedra circular en la que se asa el casabe, el cuidado del fuego, y así sucesivamente). La parte más pesada de todas es el molido, o guayado, que tradicionalmente se hace a mano, y termina por hacer sangrar los nudillos (esta etapa es la única en la que Luisa usa un rallador operado con gasolina). De ahí surge la expresión "Estoy guayando la yuca", que se usa cuando uno ha estado rompiéndose el lomo de trabajo. Incluso con una máquina de moler es un trabajo agotador, desagradecido, con el generador que escupe humo negro, teniendo que pelar cada yuca antes de lanzarla a las fauces del molino, y luego reunir la pulpa, lavarla, y exprimir a mano el agua. De nuevo, tal vez por venir de Haití, me doy cuenta de que los muchachos de piel más clara están al frente, dedicados a la venta, haciendo el trabajo liviano, mientras que los más oscuros (¿haitianos?) están en la parte trasera, literalmente *guayando* la yuca.

Esa es una de las vidas que estoy viviendo... nos detenemos en el camino y conversamos y aprendemos de diferentes labores artesanales y probamos los resultados. Y mientras tanto no dejo de pensar en Piti, Eseline y Ludy. ¿En qué estarán justo ahora? ¿Estará funcionando el Dramamine? ¿Se habrá dormido la bebé? Y lo que más nerviosa me pone: ¿habrán pasado ya por el primer chequeo, el segundo, el tercero? Sigo tratando de comunicarme con ellos, pero cada vez que lo intento, me sale la misma grabación: el número que usted ha marcado no está en servicio.

—Probablemente lo tiene apagado —aventura Homero. Un celular que suena sin cesar en una guagua podría molestar a los demás pasajeros. Cuando uno está rompiendo la ley no quiere llamar la atención.

Incluso por estas carreteras secundarias nos topamos con media docena de chequeos militares. Por lo general hay dos o tres guardias sentados a la sombra de un árbol, disparando tiros a la brisa, una motocicleta estacionada en las cercanías por si tienen que perseguir un vehículo. Al aproximarnos, uno de los guardias se pone de pie (¿será que se turnan?), estira el cuello, ve tres caras blancas y un hombre moreno claro, y nos hace señas de seguir. Pero en un par de chequeos, cuando frenamos para pasar al policía acostado, los guardias se acercan y miran el interior del carro.

—¿Cómo están? —les pregunto, pues ser amigable es la mejor política, especialmente con guardias armados.

—Guayando la yuca, como pueden ver.

¿Sentados a la sombra de un árbol de mango, a la espera del siguiente soborno de una guagua? No lo creo. Lo que sí puedo ver es que no han arrestado a ningún haitiano. Claro, esta no es la ruta que sigue la guagua de Piti, pero busco indicios de buena suerte donde quiera que los pueda hallar.

Se está haciendo tarde, y se avecina un temporal. A medio camino hacia Santiago, la lluvia empieza a caer. Es el tipo de aguacero en el que uno no puede divisar la carretera al frente. Nos detenemos y apresuradamente cubrimos la cama de la camioneta con una lona, y seguimos a paso de tortuga, pensando en si la tormenta también retrasará el avance de la guagua. El celular no tiene señal. Afortunadamente ya antes había logrado comunicarme con Vicenta, en casa de mis padres, en Santiago. Le pedí que dispusiera la mesa para más personas y que preparara camas para Eli, y para Piti y su familia. Cuando lleguemos ya será muy tarde para que Eli siga camino a las montañas esta misma noche, a dos horas y media por carretera. Podrán salir mañana temprano.

La lluvia pasa, y como si las cosas estuvieran sincronizadas, el teléfono timbra. ¡Es Piti! Ya están en Santiago, esperando en la gasolinera.

—¡Dios mío! A nosotros nos falta aún media hora para llegar —le digo—. Casi no podíamos avanzar en esa tormenta.

—¿Cuál tormenta? —pregunta Piti. En la carretera principal no se toparon con nada de lluvia.

—¡No me digas! ¿Ni una gota de lluvia?

Le pregunto por los chequeos.

—No hubo el menor problema en los chequeos.

Mejor aún, Eseline ni siquiera se mareó. La pastilla de Dramamine surtió efecto.

Cuando finalmente llegamos a la gasolinera, los vemos… dos chicos con un bebé en brazos. Al momento de vernos, se ponen en pie de un salto y se les pinta el alivio en la cara. Incluso Eseline, que durante la mayor parte del viaje ha parecido distante y fría, se aproxima corriendo a nosotros como si fuéramos miembros de su familia.

—*Mèsi, Jezi, mèsi* —dice Piti sin parar. Otro momento extraño para esta agnóstica, cuando la plegaria que elevó sobre la base de la devoción ajena es escuchada.

Cuando algo causa impresión...

Cuando algo causa impresión, se tiene que contar la historia. Pero en un principio uno se siente atónito. El regreso discordante. Hacemos sonar la bocina a la entrada de la casa de mis padres. El guardia, don Ramón, abre las altas puertas de madera. Se lleva la mano a la gorra de los Yankees que tiene puesta, y baja la cabeza con respeto. Es difícil creer que este hombre amable y de voz suave, que ahora ronda los sesenta, solía ser militar. Me pregunto si alguna vez aceptaría un soborno.

Al final del camino de entrada se encuentra la gran casa. A la luz del final de la tarde no se notan sus desperfectos. Las rejas oxidadas en las ventanas, las paredes agrietadas, las yerbas que han nacido entre las piedras del sendero que lleva a la piscina vaciada para evitar los mosquitos... todos esos rasgos se difuminan en una imagen más amplia: este es un lugar desmesuradamente grande con mucho personal para tan solo dos personas.

Don Ramón cierra las puertas y se apresura a subir para ver si requerimos de su ayuda para descargar la camioneta.

—¿Y cómo estuvo Haití? —pregunta cortésmente, apagando la pequeña radio que guarda bajo su asiento en el garaje. Hubo conmoción entre el personal de casa de mis padres cuando supieron que queríamos ir a un país aún más pobre que el nuestro. Uno o dos escalones por debajo de ellos en la escalera que todos tratan desesperadamente de subir.

—Haití fue... —miro alrededor, a mis compañeros de viaje. Nadie arriesga un comentario. Necesitamos tiempo para digerir lo que vimos. En la *Odisea* hay una manera ritual para acoger al viajero. El anfitrión lo instala en sus habitaciones, le da tiempo de lavarse, lo alimenta, y solo después pide su compensación: que le cuente su historia. Por lo pronto, me afianzo en el genérico—: Muy muy interesante, don Ramón.

—Sí, sí —asiente. Sea lo que sea que yo diga, por lo general don Ramón está de acuerdo.

Homero se despide para volver a su familia, que aguarda sus historias. ¿Les contará a sus hijos la manera en que resolvió nuestros problemas en la frontera? ¿O suprimirá esos pasajes? ¿Qué vamos a suprimir los demás? ¿Cómo evocar lo que hemos visto? Pero una cosa hay cierta. Al igual que el viejo marinero del poema de Coleridge, nos sentimos obligados a contar la historia una y otra vez, como una manera de entender lo que nos sucedió.

Pero en el piso de arriba de la casa, en las habitaciones de mis padres, las historias se están deshilando. El mal de Alzheimer está destrozando sus memorias, deshaciendo el tejido narrativo de sus vidas para dejarlo convertido en hilachas sueltas. Una extraña entra a la habitación e insiste en que es nuestra hija. ¿Cómo puede ser si nosotros somos niños? Un hermano muerto hace tiempo regresa en los ojos de un perro vagabundo. Un espejo nos muestra a una anciana sobresaltada o a un anciano que nos devuelve la mirada.

Empiezo con los rostros fáciles que me siguen a la sala: mi esposo Bill, a quien mi madre vagamente recuerda; Eli, el voluntario estadounidense que trabaja en nuestra finca este año, que ya ha estado allí unas cuantas veces; luego, esta joven pareja haitiana y su bebé, Piti, Eseline y Ludy. Incluso para una mente en perfecto estado, sería difícil seguir esta historia: fronteras y sobornos; malos caminos y mangos maravillosos; ángeles haitianos y una mujer furiosa en una plaza, gritándole a un hombre blanco junto a una camioneta plateada con una jovencita negra y su bebé dentro.

Mi padre cierra los ojos, exhausto por el esfuerzo de tratar de comprender. Pero los buenos modales de mi madre siguen funcionando en piloto automático. Nos regala su sonrisa de visita. Sin embargo, apenas desaparecemos para lavarnos antes de la cena, se retira a su habitación. Cuando intento convencerla de que se una a nosotros en la mesa, dice que no se siente bien. Lo que quiere decir es que la asustan los extraños cuya historia no entiende ni siquiera porque se la repitamos.

Es mejor no presionarla, y menos de noche. Puede agitarse demasiado y caer en una historia circular: no quiere estar en esta casa que no conoce. Por favor, por favor, que la lleven a su casa.

Piti y Eseline tampoco suben a cenar. A lo mejor ellos también están agobiados, tratando de encontrarle el sentido a esta otra historia: una casa con suficientes habitaciones como para que duerma allí un pueblo entero, un guardia a cargo de cuidar a dos ancianos que, de haber nacido en Haití, no habrían llegado a tan avanzada edad.

Cuando bajo a buscarlos, oigo a Ludy llorando a todo pulmón, dando a entender que tuvo un día agotador. Por eso no han subido, me explica Piti. No quieren molestar a mis padres. Y después del incidente de anoche en el hotel, ya saben que no es bueno dejar a la niñita sola.

Les agradezco ser tan considerados. Un bebé que llora además de agitar a Mami, muy instalada en su habitación, agitaría también a Papi, sentado en la mesa, con una mirada extraviada. Pero él es capaz de sorprendernos, pues de repente se concentra en un detalle, para luego hacerse un lío y empezar a despotricar sin parar. Para esas ocasiones hay una botellita en el armario de sus medicamentos que podemos darle. Tres gotas en la lengua, si se deja, y si no, en un vaso de agua que se lleva a la boca con un calimete.

En una visita reciente, Eli y Bill y nuestro yerno Tom, estaban cenando. Mi padre no dejaba de mirarlos.

—¿Dónde van a dormir todos estos hombres, Pitou? —le preguntaba a mi madre una y otra vez. Mi hermana mayor y yo cruzamos miradas por encima de la mesa. Nuestro padre había regresado a la época de nuestra adolescencia cuando le preocupaba que los hombres trataran de conquistarnos. Solo después de que montamos un teatro haciendo desfilar a los hombres fuera del comedor, mi padre retomó su cena tranquilamente.

Vuelvo a subir y preparo una bandeja con dos platos para cenar y, de postre, dos grandes tajadas de su bizcocho de bodas. Un rato después, bajo a recoger la bandeja y darles las buenas noches. Para entonces, la bebé ya se ha calmado, recostada en una pila de frazadas en el suelo.

Hablamos un poco, y Piti explica sus planes. Mañana se irán para las montañas con Eli. En su trabajo como capataz, el dueño, a quien Piti llama "el hombre" le prometió una casa para su nueva familia. Pero hasta el momento, no ha cumplido su promesa. El problema se complica aún más porque Piti le debe dinero. Leo la preocupación en la cara del joven. No quiere que su esposa y su niña vivan en una choza de dos cuartos con los otros seis haitianos que trabajan en la finca.

—Tienes que llevar a la bebé a que le pongan sus vacunas —le recuerdo. Hay un centro de salud gratuito cercano. Y como soy la madrina de matrimonio, decido abordar el tema de la planificación familiar, a menos de que sea demasiado tarde. A lo mejor las náuseas de Eseline eran por embarazo y no por mareo.

Piti parece aliviado de que yo haya tocado el tema. No, no es posible que Eseline esté embarazada. No han tenido relaciones desde que nació la bebé. De hecho, tiene una pregunta para mí. ¿Puede tener relaciones con su esposa mientras ella está amamantando?

Me había preocupado que la pregunta fuera más complicada. Que iba a tener que aceptar mi ignoracia porque jamás he tenido un hijo. Pero esta es fácil.

—Claro que pueden tener relaciones, pero recuerda: Eseline puede quedar embarazada.

—¿Y Ludy no va a tener problemas?

Ahora soy yo la que está confundida.

—¿Por qué habría de tenerlos?

Piti me explica que le han dicho que si un hombre tiene relaciones con su mujer mientras ella está dando pecho, el bebé nunca aprenderá a caminar.

Más adelante, cuando le cuento esa historia a mi hijastra, ella se reirá diciendo:

—¡Apuesto a que sé quién se inventó ese cuento! Mamás recientes que están demasiado cansadas y faltas de sueño como para lidiar con maridos calientes para los cuales un dolor de cabeza no es excusa suficiente. Pero un bebé tullido sí puede hacerlos cambiar de idea.

—¡Ay, Piti! —le digo—, ¡alguien te ha estado metiendo cuentos!

Pero no es Eseline quien se lo contó. Piti creció en el batey, entre compañeros en sus mismas circunstancias. Toda su educación, incluida la sexual, proviene de ellos. Recuerdo a ese niño que vi por primera vez, alborotando con los demás haitianos luego de un día de trabajo en los campos. Y qué lejos ha llegado, hasta distinguirse como uno de los trabajadores más tenaces, ascendido por encima de dominicanos hasta ser el capataz en la finca de "el hombre". Ha aprendido por su cuenta a leer y escribir, a tocar la guitarra y a componer canciones. Acaba de casarse con la madre de su hijita y las ha traído a vivir junto a él. Le llueven las bendiciones de Dios. *Mèsi, Jezi, mèsi.*

En el piso de arriba, mi madre aún no ha salido de su habitación. Voy a ver cómo está. En estos días, cuando entro a su habitación y cualquiera de mis padres levanta la vista, me preparo. ¿Será esta una de esas veces en que no saben quién soy?

Esta noche, el rostro de mi madre se ilumina al verme.

—¿Cuándo llegaste?

Le sigo la cuerda. ¿Para qué confundirla?

—Bill y yo acabamos de aterrizar. Nos vamos a quedar una semana. Me cuentan que no te sientes bien. Lo lamento.

—Me siento bien —me dice, su historia anterior se le ha olvidado—. Me da tanto gusto que me hayas encontrado aquí —agrega, dando palmaditas sobre la cama para que me siente allí—. Mañana me voy a casa.

—Ya lo sé —No es que trate de seguirle la corriente. Tiene toda la razón. No recuerda este lugar. ¿Cómo puede ser su casa? Lo que es aún peor, nunca volverá a estar en casa salvo cuando esta maldita, bendita enfermedad le haga el favor de que olvide que no está allí—. Vinimos a ayudarte a mudar.

—Gracias —dice, evidentemente aliviada.

Mi padre llega, alguien empuja su silla de ruedas desde el comedor. Viene preguntando:

—¿Pitou, Pitou? —la enfermera nocturna toca la campana para que don Ramón venga a ayudar, pues Papi pesa demasiado para que lo podamos alzar entre las dos. Hacemos los rituales de alistarlos para la cama: quitarle a Papi la dentadura postiza, ayudarle a Mami a cepillarse los dientes, ponerles el pijama, darles sus medicinas. Durante un tiempo tuvimos una enfermera de noche que insistía en ponerlos a rezar. Pero era más que nada la enfermera recitando el Padre Nuestro y el Ave María, y mis padres repetían las frases que recordaban: *danos nuestro pan de cada día; ruega por nosotros los pecadores ahora y en la hora de nuestra muerte, amén, amén.*

Los arropo en la cama, uno sus manos y apago la luz. Buenas noches, Pitouses, que duerman bien.

De regreso en mi habitación, Bill y yo nos quedamos en la cama conversando. Uno de los placeres del matrimonio es tener a alguien que escuche tus historias y que te cuente las suyas. Sirve para comprender la experiencia, para tejer una narrativa a partir de hilos inconexos... precisamente lo que mis padres están perdiendo, la capacidad de hacer esto por sí mismos y por otros.

¡Tantas cosas qué decir! ¡Tantos detalles por asimilar de los últimos tres días! Y los que vendrán en las semanas siguientes. ¿Tendremos que seguir haciendo esto? Cada día una nueva porción. Las historias como tractos digestivos, una manera de procesar lo que sucedió y guardarlo en recuerdos para relatar en las veladas con amigos. ¿Nada más? De niña, mi hermana mayor solía tener una pesadilla recurrente: la encerraban en una habitación llena de cuentas que debía ensartar en un solo hilo. Cuando estaba a punto de terminar, la puerta se abría y caía una nueva pila de cuentas. Se despertaba gritando y otra vez me contaba la historia. Y lo que yo pensaba era: "¿Y eso es una pesadilla? No había monstruos ni asesinos ni animales salvajes que la fueran a destrozar. ¿Qué había de aterrador en tener que ensartar cuentas de collar sin acabar nunca?". Ahora lo entiendo.

Rezo a los ángeles del cielo para que nos obsequien otra alternativa: ensartamos las cuentas para construir una escalera y así podemos escapar por la ventana antes de que la puerta se abra. Las historias como agentes del cambio, que nos despiertan y nos llevan a cambiar nuestras vidas.

Cuando algo causa impresión, ¿cuál es la obligación?

Bill y yo conversamos hasta altas horas de la noche. Al final, cansada, le pregunto:

—¿Qué hacemos ahora?

A pesar de que él sostiene que no es bueno con las palabras, me da la mejor respuesta de todas:

—Haremos lo que podamos. Intentaremos ser generosos dondequiera que nos encontremos.

Y esta noche sucede algo que pocas veces ocurre en una familia humana tan dispersa y estratificada, tan dividida por las oportunidades que resulta difícil reconocer el parentesco entre la criatura del escalón superior y la del más bajo. Esta noche, noche sagrada, un grupo diverso se ha reunido bajo el mismo techo como retazos de una historia. Todos han comido bien. Todos están seguros por el momento. Todos se preparan para dormir, a excepción de don Ramón con su pequeña radio a bajo volumen para que le haga compañía hasta el amanecer cuando él también se irá a casa.

- DOS -

Regreso a casa con Piti después del terremoto

12 de enero de 2010, el fin del mundo

Estaba hablando con mi hermana en Santiago, la que se trasladó allí para ayudar con el cuidado de mi padres, la de la pesadilla de las cuentas, la que es emotiva, comunicativa y que algunas veces reacciona con exageración. Era mi llamada habitual del final del día para ver cómo iban los pitouses.

—¡Dios mío! —gritó de repente ella.

—¿Qué? ¿Qué? —se me salía el corazón por la boca.

A lo lejos, mi madre gritaba, un eco más asustado que mi propio "¿Qué? ¿Qué?".

—No es nada, Mami, tan solo un viento fuerte —dijo mi hermana con una voz que quería parecer calma pero que no me convenció, y luego susurró por el teléfono—: Creo que fue un terremoto. Mejor me despido —Y se fue. Oí un clic y luego silencio. Me quedé con una extraña sensación. La sensación de la persona que ya ha oído al pastorcito gritar que viene el lobo y esta vez, al oírlo gritar, no sabe si de verdad está a la puerta o no.

Esta vez había un lobo de verdad a la puerta de Haití.

Un terremoto de 7.0 grados para ser más exactos, en la isla de la Española, que se ubica justo en el punto donde se encuentran dos placas de la corteza terrestre: una de ellas, la placa de Norteamérica, está encajándose debajo de la otra, la del Caribe, que no puede moverse hacia ningún lado (¿las alegorías de la geología?). El epicentro del movimiento, que se sintió en un lugar tan distante como la casa de mis padres en Santiago, estaba a veinticuatro kilómetros al sur de Port-au-Prince, un lugar cuyo suelo arcilloso significaba que las casas eran como aquellas casas bíblicas construídas sobre arena. Se vinieron abajo las mansiones de los ricos y las chozas de los pobres, el palacio de gobierno y muchas otras edificaciones gubernamentales, hospitales, escuelas... losas de concreto amontonadas como *pancakes*, en un país sin normas de construcción, en una ciudad abarrotada con millones de habitantes.

Meses más tarde, cuando se dio el total definitivo de víctimas, aunque definitivo viene a ser otro de esos términos inciertos pues cada día aparecían más víctimas, se dijo que eran más de 316.000 muertos, 300.000 heridos, 1,3 millones de desplazados, 97.300 casas destruidas. Cifras que aturden, difíciles de asimilar a menos de que uno las descomponga en vidas individuales, en historias individuales.

—¡Es el fin del mundo! ¡El fin del mundo! —gritaba una mujer joven aterrorizada frente a una cámara que se zarandeaba salvajemente.

Fue por eso que, tras apagar la televisión luego de ver las últimas noticias y darme cuenta de que mi hermana no había exagerado, llamé a Piti. Había vuelto a trabajar para nosotros. "El hombre" no le había cumplido la promesa de construirle una casita para él y Eseline. En lugar de eso, durante meses habían tenido que compartir la barraca de dos cuartos con otros seis trabajadores haitianos. Piti se venía sintiendo cada vez más incómodo. Eseline estaba cada vez más distraída. Eli comentó que siempre que la veía andaba por ahí sin hacer nada, riéndose y coqueteando con sus vecinos haitianos. Todos esos muchachos con nostalgia de su tierra, toda esa testosterona flotando en el aire.

Bill y yo le ofrecimos trabajo a Piti, cuidando una tierra más abajo, más cerca del pueblo, que Bill compró ya no para un proyecto humanitario sino para nosotros (nuevamente el "nosotros" marital). Con la ayuda de algunos haitianos, Bill pasó diez días construyendo una casita: cuatro habitaciones, una cocina al aire libre, un patio trasero, una galería abierta en la parte de adelante. El primero de enero, cuando su contrato con "El hombre" terminó, Piti se mudó a esa casa con Eseline y Ludy.

Piti contestó al primer timbrazo. ¿Se había enterado? Sí, se había enterado. Tenían una radio, alcanzaba a oírla al fondo, sirenas, un presentador de noticias dominicano con ese estilo de periodismo impostado, como de telenovela, que casi siempre parece exagerado pero que esta vez no lo es. En las noticias no se hablaba más que del terremoto. De la capital de Haití salían informes horrorosos. Se creía que había cientos de muertos… miles… y la cuenta seguía aumentando.

Piti no había podido ponerse en contacto con nadie de su familia: ni con su padre en Port-de-Paix, ni con su madre, ni con la familia de Eseline en Moustique. Estaban muy preocupados.

Las cosas siguieron así durante varios días. Yo llamaba y preguntaba si habían tenido noticias. Después, trataba de tranquilizarlo con lo que había oído en Estados Unidos. El terremoto se había concentrado en la zona de Port-au-Prince. El noroeste de Haití no había sufrido mucho. *"Pas de nouvelles, bonnes nouvelles"*, dije citando un refrán que Papi adoptó en sus años en Canadá, para mantener el optimismo cuando no recibía noticias de su familia. Nada de noticias, son buenas noticias.

Piti no quería contradecir a su madrina, pero no estaba tan tranquilo. Incluso si el terremoto no había golpeado con fuerza en Moustique, no se necesita mucho para derribar un bohío de lodo con techo de cana en una ladera erosionada. El que no hubiera noticias podía significar que había ocurrido lo peor.

Fue hasta casi una semana después del terremoto que Piti supo algo, a través de un amigo haitiano que también trabajaba en el lado dominicano y que había logrado contactar a su familia. Le dijo que todos estaban bien. La familia de Piti. La de Eseline. La de Leonardo. La de Pablo. Pero como Port-au-Prince se había convertido en el único lugar para conseguir empleo en el país, cada una de las familias tenía a alguien viviendo en la capital, al igual que todas tenían a alguien viviendo en el exterior, de manera que nadie podía sentirse completamente a salvo de la tragedia.

—Sonreímos de gratitud y lloramos de tristeza —me dijo Piti. Después del terremoto, esos sentimientos estaban tan intricadamente tejidos en los corazones haitianos que las lágrimas de alivio bien podían ser también lágrimas de pena. Una hermana a salvo pero un primo muerto. Un amigo mutilado y un hermano sano. ¿Cómo puede el corazón abarcar todo eso?

Fue después del terremoto que encontré mi diario de nuestro viaje cinco meses atrás y lo leí de principio a fin. Quería acercarme a Haití de una manera más personal, no al Haití que pregonaban los noticieros, el Haití de los horrores, el estado fallido, la siempre creciente cantidad de víctimas mortales. Quería oír las risas de las señoras de los mangos, a la hermana de Charlie barriendo el patio con la escoba de fibra temprano en la mañana, y a los seis predicadores y al pastor que casaron a Piti y Eseline. Quería abrazar a Ludy y arrullarla con mis canciones de cuna dominicanas. Quería volver a la historia como una manera de estar en Haití una vez que las cámaras se alejaran y que los jefes de organismos de ayuda se reunieran en ciudades del Primer Mundo, cada quien con su vaso de agua helada que camareros provenientes de los países cuyos problemas se discutían en esas conferencias se encargaban de llenar. El futuro de Haití. La reconstrucción de Haití. Yo no tenía ninguna respuesta ni recomendaciones para arreglar nada, ni siquiera una frase para salir del paso o una postura moral para que otros la imitaran. Solo quería estar cerca de Haití, y la frase que resonaba en mi corazón era una que se recita en las estaciones del Viacrucis del Viernes Santo: "Camina conmigo como yo contigo y nunca te alejes de mi lado".

No quería hacer a Haití a un lado. Así que volví a la historia que había escrito sobre nuestro viaje del verano anterior. Para tomar una metáfora de la pesadilla de infancia de mi hermana, la puerta se había abierto de nuevo en la narración que yo había cerrado, y un montón de cuentas nuevas había entrado por ella.

Lobos a ambos lados de la puerta: brevísima historia de Haití

El lobo había estado a las puertas de Haití desde mucho antes del terremoto de enero.

Durante años habíamos oído las tristes estadísticas: Haití es el país más pobre del hemisferio occidental y uno de los más pobres del mundo. ¿Qué sucede cuando ocurre un desastre natural en un país mal preparado para superarlo? La respuesta estaba a nuestro alrededor en los días que siguieron al terremoto, en las escenas televisadas que rompían el corazón y añadían nuestros escombros emotivos y morales al polvo y las ruinas de lo que quedaba en la capital haitiana.

Y lo más triste de todo esto es que era evitable. No el terremoto en sí, sino lo que sucedió a consecuencia de este. Sin importar cómo se hilen los datos o se ensarten las cuentas, esta no es la historia de un desastre natural. Tampoco era la historia de un país maldito cuya libertad se ha alcanzado a partir de un pacto con el diablo, tal como lo sostuvo, increíblemente y sin la menor consideración, el reverendo Pat Robertson al día siguiente del terremoto. Era la historia de la pobreza, de edificios mal construidos, de infraestructura precaria, y de pésimos servicios públicos. Nada más como elemento de comparación, un terremoto de magnitud semejante en el área de la bahía de San Francisco, en California, sucedido en 1989, mató a sesenta y tres personas.

¿Cómo es posible? ¿Haití, el país más pobre del hemisferio? ¿Uno de los más pobres del mundo? Si uno buscara a un viajero en el tiempo del Caribe de mediados del siglo XVIII y lo depositara en el Haití de hoy, no podría creer que es el mismo país de hace cuatro siglos. Saint-Domingue, como se lo conocía entonces, era la colonia más rica del mundo, la Perla de las Antillas (irónicamente, Santo Domingo, la colonia vecina era pobre e insignificante luego de que España prácticamente la abandonara por los virreinatos de México y Sudamérica, mucho más ricos y llenos de oro). En el siglo posterior a que Francia adquiriera el tercio más occidental de la isla en 1697, Saint-Domingue pasó a producir dos terceras partes del café del mundo, casi la mitad del azúcar, grandes cantidades del algodón, añil y cacao. En pocas palabras, sus exportaciones equivalían a una tercera parte del comercio de Francia. Y el combustible que impulsaba a esta lucrativa maquinaria productora de dinero era la esclavitud; más de quinientos mil africanos que eran "propiedad" sometida a los malos tratos de cuarenta mil franceses.

Una vez más, ¿cómo fue posible? ¿Cómo puede una pequeña porción de personas esclavizar a medio millón, que los superaban en diez a uno? La respuesta es breve: terror. Si enviáramos un viajero en el tiempo de nuestra época a Saint-Domingue para averiguar cómo funcionaba el sistema de plantaciones (y propongo al mismo Pat Robertson para la misión), nos contaría una historia de horror.

Incluso para los parámetros de esa época, las condiciones de las plantaciones eran tan brutales como para dejar boquiabierto a cualquiera. Los esclavos eran obligados a usar máscaras para evitar que se comieran la caña de azúcar; a los esclavos recalcitrantes los llenaban con pólvora para luego hacerlos explotar. En *The Immaculate Invasion*, su libro sobre Haití, Bob Shacochis cita un pasaje del diario de un viajero alemán, horrorizado porque la esposa de su anfitrión francés ordenó que su cocinero fuera lanzado al horno debido a un error culinario. Otro pasaje podrá parecer trivial en comparación con el anterior, pero muestra que el sistema de la esclavitud permeaba todos los estratos sociales y deformaba el alma humana desde una edad temprana. Una mañana en el desayuno, un niño francés anunció: "Quiero un huevo". Cuando se le dijo que no había, respondió: "Entonces, quiero dos".

Finalmente, en 1804, después de trece sangrientos años de lucha, los antiguos esclavos lograron expulsar a sus amos franceses. Uno pensaría que al fin Haití podía empezar a construirse como nación. Que el mundo entero lanzaría un suspiro de alivio moral. Que todos esos luchadores por la libertad de la Revolución Francesa, cuyo ejemplo había inspirado a la colonia, le prestarían su apoyo. Pero como dice el refrán haitiano, "tras las montañas hay más montañas". Un país tras otro rechazó a Haití, rehusándose a concederle un puesto en la familia de las naciones, convirtiéndolo en un estado paria. Francia maniató a su antigua colonia con el pago de una enorme reparación, con la amenaza de volver a invadir y a imponer la esclavitud. Mientras tanto, Estados Unidos se negó a reconocer a Haití como país. Esto se debió en parte a presiones de Francia, aliada suya, pero también a los temores, sobre todo entre los habitantes del sur del país norteamericano, de que una república negra libre en su propio patio trasero pudiera influir a sus propios esclavos. No fue sino hasta 1862, con la secesión de los estados esclavistas, que Abraham Lincoln le extendió una mano a nuestro vecino del sur y reconoció formalmente el derecho de Haití a existir.

Los propios líderes haitianos parecieron olvidar los ideales por los que habían luchado, y en cambio, siguieron el ejemplo de sus antiguos amos, aprovechándose de su propia gente, declarándose reyes y emperadores, vaciando los cofres para llenarse los bolsillos y financiar sus coronaciones, sus castillos, sus revoluciones y, una vez en el poder, sus militares y paramilitares para sostenerse en ese puesto. De generación en generación, muchos de sus gobernantes se enriquecieron pero dejaron a Haití más pobre. Los más recientes, los infames Duvalier, Papá Doc y su hijo, Baby Doc, que saquearon al aterrorizado país durante casi tres décadas, entre 1957 y 1986. Una vez más, un pequeño detalle resume la ciega decadencia de sus regímenes: Michele Bennett, la esposa de Baby Doc, tenía un closet refrigerado para guardar sus abrigos de piel, nada más ni nada menos que en un país tropical.

Hacia el exterior, la rapacidad también fue la norma. Lo peor fue los préstamos bajo condiciones tan exorbitantes que el agujero fiscal del país se fue haciendo cada vez más hondo. Dos ocupaciones por parte de Estados Unidos, así como dictaduras y golpes de estado con frecuencia respaldados por este mismo país. Nuestras huellas son evidentes en el maltrecho cuerpo de Haití.

Baby Doc fue derrocado finalmente en 1986. De las filas de los pobres emergió el entonces sacerdote católico, Jean-Bertrand Aristide, predicando el evangelio de la teología de la liberación. Su increíble movimiento popular lo llevó al poder en 1991 y de nuevo en 2004. Parecía ser que Haití al fin iba a reconectarse con sus ideales revolucionarios originales y sus objetivos como nación. Pero, desafortunadamente, durante ambos gobiernos Aristide fue derrocado por golpes de estado que, incluso bajo análisis conservadores, tenían la aprobación tácita o el pleno respaldo de los Estados Unidos.

En cuanto a Aristide, las opiniones acerca de él varían de forma confusa. Hay haitianos que lo llaman su "Toussaint L'Ouverture moderno" mientras que otros como Piti dicen: "No hizo nada por nosotros. Solo nos hicimos más pobres y la violencia incrementó por el armamiento de la población". Lo que sí está claro tanto para quienes lo apoyan como para quienes no, es que Aristide fue presidente de Haití, elegido legítimamente, y su agenda populista representaba una amenaza para quienes se beneficiaban de la vieja guardia tanto a nivel local como a nivel internacional.

Es como si el legado histórico y político de Haití funcionara ahora en piloto automático, un gigante que se precipitara en su avance, atropellando a los pobres, al campo deforestado, la economía hundida, el país desbaratado. A esta herencia de los actos humanos hay que añadirle las hondas y las flechas del clima y la geografía, incluidos los huracanes, las inundaciones y, sí, los terremotos —aunque ninguno tan tremendo como este último— y lo sorprendente es que el pueblo haitiano haya sobrevivido con su alma y su orgullo intactos.

Eso debería darnos algo de tranquilidad. A pesar de las manadas de lobos a ambos lados de la puerta, Haití sigue recuperándose. Después de que la polvareda del fin del mundo se asienta, con el corazón roto y el cuerpo magullado y mutilado, Haití despierta. Su espíritu se levanta, como esa mujer que sacaron de entre los escombros después de no sé cuántos días. Estaba débil, tendida en una camilla, blanca de polvo como un cadáver... y cantaba. ¡Cantaba!

Es como si Haití hubiera hecho un pacto con... la esperanza.

JULIA ÁLVAREZ

Febrero de 2010, una fiesta y un plan

A principios de febrero, tres semanas después del terremoto, Bill y yo estamos de regreso en República Dominicana. He seguido en contacto regular con Piti por teléfono y a través de él estoy al tanto de lo que ha sucedido con nuestros amigos haitianos. Todos están aún aturdidos por las consecuencias del desastre. Algunos han vuelto a Haití con la esperanza de que la reconstrucción signifique más empleo. Pero hasta el momento nadie ha tenido mucha suerte ya que, obviamente, no será en el campo donde se dé la reconstrucción sino en la capital, que ya está atiborrada de personas en busca de trabajo.

En el campo dominicano el empleo escasea. Una cosecha muy pequeña, la economía en malas condiciones. Pablo se queda sin trabajo así que lo contratamos para tareas varias que Piti perfectamente podría hacer solo. Leonardo está en los cañaverales cerca de La Romana, donde la labor es extenuante. Seis días de cortar caña, cuyas afiladas hojas son como navajas, de manera que al final del día tiene los brazos llenos del tipo de cortadas que deja el papel. Todo eso bajo el sol abrasador de tierra caliente. Es difícil imaginarse la sonrisa complacida de Leonardo, que no quería ensuciarse la ropa al tener que viajar en la cama de la camioneta, haciendo este tipo de trabajo.

—Las cosas están muy difíciles —reconoce Piti con un suspiro. Ese es ahora su modo habitual de puntuación verbal, en lugar de las risitas del pasado. El niño se ha convertido en un hombre, un hombre con el corazón pesado.

En un intento por levantarles los ánimos, Bill y yo decidimos organizar una fiesta para nuestros amigos haitianos. Prepararemos una buena comida con ese plato típico de Haití: chivo. Después, habrá música a cargo de Piti y sus amigos.

Le proponemos la idea a Piti. ¿Qué opina?

La respuesta son risitas.

Así, un mes después del terremoto, casi en el día exacto en que se cumplía un mes, estamos de fiesta en la casita. Es la primera vez que veo sonreír a Eseline desde nuestra llegada. La he visto sombría, sacudiendo la cabeza de lado a lado cuando le pregunto qué sucede en las pocas frases de creole que he logrado aprender. Pero esta noche, está en su elemento, disfrutando de la fiesta como la jovencita que aún es. Todos los haitianos quieren bailar con ella. Ya veo a lo que se refería Eli. Pero a Piti parece no importarle mientras canta. Gracias a Dios no es un hombre celoso.

La fiesta resulta ser lo que todos estaban necesitando. Recuerdo que una amiga me confesaba con remordimiento de culpa que después del funeral de su madre, en la recepción que siguió, mientras la gente estaba reunida en el piso de abajo, ella y su novio subieron al de arriba e hicieron el amor. Se sentía mal al respecto, pero al mismo tiempo le resultaba consolador que la muerte no hubiera tenido la última palabra.

En los días que siguen a la fiesta Piti habla un poco más de su situación. Eseline no ha estado bien, con malestar. Según mi recomendación, fueron al centro de salud y pidieron ayuda en cuanto a planificación familiar.

—Tal vez son las pastillas anticonceptivas —me atrevo a decir. Piti también lo pensó, y habló con la doctora, que le recetó otras pastillas.

Durante los siguientes meses, mantenemos el contacto con Piti por vía telefónica desde Vermont. Eseline no mejora. Hay días en que no sale de la cama. Pero los médicos siguen enviándola de vuelta a casa por considerar que está perfectamente, tras recetarle otro frasco de costosas vitaminas. Piti no sabe qué hacer fuera de llevar a Eseline de vuelta a Haití. La familia de ella conoce viejos remedios campesinos que podrán ayudarle a curar el malestar.

Cuando termino de hablar con él, Bill me da su diagnóstico. Eseline tiene nostalgia de su tierra.

—Han sido unos meses difíciles. Muchas cosas nuevas a las cuales ha tenido que acostumbrarse y ahora el terremoto.

Así que decidimos llevar a Piti, Eseline y Ludy de vuelta a Moustique, a pasar unos cuantos días allá y luego regresarnos con Piti, dejando a Eseline y a la niña para que se recupere.

Está bien, lo admito. En este acto de vodevil alrededor de quién dijo qué y cómo terminamos en esto, yo soy la que propone la idea. Luego del arduo viaje del verano pasado, ambos comentamos que estábamos demasiado viejos para ese tipo de aventuras. Pero estas son circunstancias especiales. Piti y Eseline están pasando por momentos difíciles. Somos sus padrinos de matrimonio. Esto fue lo que aceptamos hacer: ayudarles cuando tuvieran dificultades como pareja.

—¿Estás bromeando, verdad?

Bill exagera su reacción. No sé si lo asombra más la idea de un viaje de regreso a Haití, o que sea su cauta esposa la que lo propone.

—No bromeo. Yo voy a Haití y tú puedes venir si quieres —Pocas probabilidades veo de que yo maneje una enorme camioneta en un tramo de doce horas por el interior de Haití con sus malas carreteras. Y sospecho que algunos de esos caminos que penden sobre precipicios ahora deben ser imposibles de pasar, obstruidos por rocas o completamente arrasados por el terremoto que los hizo deslizar ladera abajo hasta el fondo de los barrancos. O que están a la espera de que yo pase en nuestra camioneta para desplomarse.

—¡No vas a ir a Haití sin mí! —declara Bill, con las palabras exactas que yo habría escrito para él si este fuera un acto de vodevil.

Pero el viaje tendrá que esperar hasta que volvamos en verano, lo cual termina siendo una ventaja, pues nos permitirá planearlo todo. Esta vez queremos estar preparados, con los documentos necesarios y las provisiones que hagan falta. No vamos a traficar con indocumentados y sus bebés. Nos abasteceremos de provisiones y además llevaremos regalos de comida y ropa para ambas familias.

Bill le agrega un tramo secundario a nuestro plan. Si nos vamos a tomar el trabajo de manejar hasta Moustique otra vez, entonces deberíamos regresar pasando por Port-au-Prince.

—Tenemos que ver esa ciudad. Piti debe verla.

Debí saberlo. Cualquier cosa que se me ocurra, Bill se la apropia y la lleva más lejos. Así fue como el hecho de escribir un artículo sobre las pequeñas fincas de café, en peligro de desaparecer, se metamorfoseó en que nos convirtiéramos en propietarios de una de ellas.

Complicaciones

Supongo que sería mucho pedir que un plan no tuviera complicaciones. En nuestros llamados países del Tercer Mundo, tan intensamente sociales e intrincadamente interconectados, los planes más organizados estarán sujetos a revisiones, más que nada a la revisión de hacer añadidos. O sea, si planeamos un viaje para cuatro (Bill, Piti, Eseline y yo) y una bebé, antes de darnos cuenta seremos siete y una bebé, y en algún punto del viaje seremos ocho, una bebé y una cama doble de hierro, que un joven haitiano lleva a casa para ofre-cerle a su novia, cargándola cinco kilómetros bajo la lluvia. Si uno tiene corazón y vive en Haití o en República Dominicana, la vida se le va a complicar.

En realidad, incluso si uno no tiene corazón, y vive resguardado, entre la seguridad y la suntuosidad, la vida puede complicarse en otros sentidos. Por ejemplo, la próxima vez que haya una revuelta, su gran mansión, su Mercedes último modelo y sus hijos educados a gran costo en el Primer Mundo serán blanco de agresiones. Como a menudo nos lo recuerda nuestra profesora de yoga, cuando luchamos por mantener la postura del perro que mira hacia abajo: "Hay dos clases de dolor. El que viene de hacer yoga y el que viene de no hacer yoga". La vida será complicada, sin importar cómo se viva, así que bien puede uno abrir la puerta y dejar que las complicaciones entren a su casa, a su camioneta, o lo que sea. Además, algún día, cuando uno tenga que cargar su cama doble a la espalda, alguien a quien uno le ayudó antes puede resultar de apoyo ahora. Es el plan básico de ahorro de los pobres: conserva lo que tienes al compartirlo.

Justo antes de partir, tres pasajeros más se unen a Bill y yo, Piti, Eseline y la bebé. El primero es Charlie, en cuya casa nos alojamos el año pasado en Moustique. ¿Cómo íbamos a negarnos a llevarlo? Charlie ha estado trabajando en República Dominicana desde el otoño pasado, pero tiene que volver a casa para hacerse cargo de al-gunos asuntos. Al principio, no nos dirá en qué consisten los asuntos, pero con el largo viaje por carretera, doce horas hasta su casa, y como habla algo de inglés, nos enteramos de que está enamorado. Más aún, está enamorado de Rozla, la hermana de Eseline, la que estalló en llanto a la orilla de la carretera cuando nos llevamos a su hermana a la *République*. Con ayuda de Piti, Charlie va a hacerles una peti-ción formal a los padres. ¡Son noticias maravillosas! Si Charlie se casa con Rozla y la lleva a República Dominicana, las dos hermanas pueden vivir cerca una de otra. En mi bola de cristal del futuro, veo otro viaje a Haití para una boda.

Nuestro segundo pasajero adicional es el medio hermano de Piti, un muchacho silencioso y de ojos tristes llamado Wilson (y no hay que confundirlo con Willy, el que sí es cien por ciento hermano de Piti). Wilson trae una maleta pequeña, varios bultos de víveres y una botella grande de Clorox para su madre. Aquí sí concuerdo con Leonardo, una caja de espagueti tiene mucho más sentido.

El tercer pasajero de último momento se nos une por invitación mía. En realidad es pasajera, nuestra voluntaria de verano, Mikaela, que acaba de concluir su estadía de un mes en la finca y ya iba camino a Washington, de regreso a casa. Durante nuestra cena de despedida en casa de mis padres, hablamos de nuestros preparativos para ir a Haití, y ella nos escuchaba atentamente. Le pregunto si alguna vez ha estado.

—Es una de las cosas que habría querido hacer mientras estuve aquí —responde anhelante.

—¿Y por qué no vienes con nosotros? —propongo, con el tipo de pregunta que uno lanza sin pensar que vaya a ser tomada en serio. Mikaela ya nos ha dicho que su unida familia ítalo-irlandesa la ha echado muchísimo de menos; que sus dos hermanas menores han estado contando los días para su regreso; que probablemente estén acampando junto al aeropuerto de Washington a la espera de su llegada.

—¿En serio? ¿Puedo ir? —La cara de Mikaela se enciende de entusiasmo.

Se me encoge el corazón. ¿Ahora cómo vamos a acomodarnos todos con nuestro equipaje en la camioneta? El año pasado llevábamos cinco pasajeros, seis cuando Pablo se nos unió a medio camino, y la parte de atrás no estaba tan cargada de regalos y provisiones como ahora. Pero de ninguna manera puedo cerrarle la puerta en las narices a esta encantadora complicación (a veces me toma algo más de tiempo suscribirme al plan de ahorro de conservar al compartir).

Y esta resultará ser una de las mejores inversiones que pude haber hecho. Mikaela demostrará ser una presencia calmada cuando empiecen a surgir problemas en el viaje (más adelante les tomaremos el pelo a Homero y a Eli para decirles que las cosas les resultaron fáciles, que ese primer viaje fue cosa de coser y cantar en comparación con el segundo). Lo mejor, durante cinco gloriosos días en Haití nadie se lamenta ni me expresa su pena porque yo no tenga hijos (me considero afortunada de tener dos guapas hijastras, altas y rubias, que jamás pasarán por hijas mías). Todo el mundo supone de inmediato que Mikaela es hija nuestra: los ojos azules como los de Bill, mi talla menuda y mi pelo rizado. Es como si al fin, a los sesenta años, me hubiera convertido en miembro pleno de la raza humana en reproducción. Me encanta esto de tener una hija. De haber sabido que era así de fácil, habría tenido una docena.

En cuanto a nuestros cuatro pasajeros de antes, veteranos del primer viaje: Leonardo está trabajando en los cañaverales. Pablo está en quiebra total y necesita concentrarse en conseguir trabajo. Eli ya volvió a los Estados Unidos, donde se prepara para comenzar sus estudios de derecho en la Universidad de Nueva York.

Por último, está Homero, que aún no se decide a venir o no (¿y dónde lo vamos a meter si dice que sí?). Sucede que la vida de Homero... digamos que se ha complicado. En pocas palabras, Homero y su esposa se están divorciando. El hombre buena-vida lleno de ganas de ver el mundo superó al padre de familia. Me preocupa pensar que nuestro viaje del año pasado haya sido lo que determinó ese giro, pero Homero me asegura que el matrimonio ya venía con problemas.

Homero dice que lo tienta la idea de tomarse una semana para volver con nosotros a Haití. Con lo mucho que me gustaría que viniera (porque ¿quién mejor que él para sacarnos de problemas, que supongo que después del terremoto serán más numerosos y mayores?), siento alivio cuando gana la sensatez y él decide quedarse. Necesita pasar más tiempo con sus tres hijos, cuyo mundo de cuento de hadas acaba de desportillarse en mil pedazos.

"El que tiene tío alcalde"

Como esta vez queremos hacer todo de manera legal, pronto nos topamos con las desesperantes trabas burocráticas. ¿Exactamente qué se requiere para cruzar legalmente la frontera en nuestro vehículo y con pasajeros haitianos?

Me paso un día entero buscando información en Internet, sin mucha suerte. Por último, acudo a nuestro resuelvelotodo de problemas, Homero, quien contacta a una fuente confiable que nos pinta un proceso tan enredado que tendríamos que pasar toda la semana que dura el viaje tan solo en la etapa de conseguir los sellos y los permisos necesarios para ingresar la camioneta a Haití.

Además de la ruta del soborno, que esta vez nos negamos a tomar, y de la vía burocrática, que consumiría todo nuestro tiempo, hay una tercera manera de conseguir las cosas en nuestros países: recurrir a un conocido en algún puesto con poder. Tan difundida está la práctica que existe un dicho que la describe: "El que tiene tío alcalde no va para la cárcel".

Bill se pone en contacto con un amigo en la capital que ha sido diplomático. Por suerte, este amigo es a su vez buen amigo del actual embajador dominicano en Haití. Nuestro amigo nos presenta vía correo electrónico, y nos envía copia de un mensaje para el embajador, en el cual le pide que nos ayude. El embajador Rubén Silié responde increíblemente rápido para un burócrata dominicano que debe estar teniendo problemas de comunicación en Port-au-Prince después del terremoto. Se dirige a mí como "Estimada Julia Álvarez" y nos pone en manos de su asistente, el ministro consejero José Ortiz, que se encargará de todo allá. Reviso la lista de documentos que nos pide el señor Ortiz y se los envío: el pasaporte de Bill, el mío, y el registro de la camioneta. Espero hasta el cuarto o quinto mensaje para preguntarle al señor Ortiz por nuestros amigos haitianos. ¿Pueden viajar con nosotros? Pasa un mes y de repente estamos a mediados de mayo, aún sin respuesta del señor Ortiz.

Le mando varios emails cada vez más apremiantes. La frase de asunto de cada uno es muy diciente: a finales de mayo, *Cómo ingresar a Haití con la camioneta y nuestros amigos*; a principios de junio, *Información, por favor*; a mediados de junio, *Agradeceríamos su respuesta*; a finales de junio, *Viajamos pronto, información por favor*; a principios de julio, *Sin noticias de su parte, ¿llegamos a la frontera y ya?* No será sino hasta que estemos en Santiago, el sábado antes de nuestra partida para Haití programada para el lunes en la mañana, cuando ya nos hayamos resignado a seguir la ruta "por debajo de la mesa", que recibo una llamada del atribulado señor Ortiz.

Ha leído mis múltiples mensajes, pero ha estado en República Dominicana, visitando médicos debido a problemas de presión arterial a causa del terremoto.

—Lo siento mucho, señor Ortiz —Y de verdad lo siento, por estar acosando a un pobre hombre que sobrevivió al fin del mundo—. Es que no sabíamos cómo proceder.

—Le dije que me haría cargo de todo —me recuerda el señor Ortiz, exasperado. Los cónsules de ambos países en la frontera están notificados de mi llegada. Me enviará los nombres por correo electrónico. Debo preguntar por estos funcionarios cuando esté allí.

—Entonces, ¿está todo en regla para la camioneta?

El señor Ortiz suspira.

—Nuestros cónsules en la frontera se encargarán de cualquier trámite que haya que hacer.

Titubeo, pensando si debo tocar nuevamente el tema de nuestros amigos haitianos. Pero me doy cuenta de que el señor ya está harto de mí. Además, Eseline, Charlie y Wilson se quedarán en Haití cuando regresemos. Solo Piti volverá con nosotros, y él tiene su pasaporte aunque la visa habrá expirado. Pero como todo parece indicar que estaré viajando de manera semioficial, es posible que mi comitiva quede exonerada de las restricciones usuales. Esa es mi esperanza.

Una cosa más. Los cónsules han recomendado al señor Ortiz que me diga que no viajemos en día lunes, ni tampoco en viernes. Son los días de mercado en la frontera y las multitudes hacen que la carretera sea intransitable.

De ninguna manera le voy a decir al señor Ortiz que sabemos lo que son los días de mercado, lo adecuados que son para atravesar la frontera con haitianos indocumentados.

—No nos molesta en absoluto, señor Ortiz. Eso nos dará la oportunidad de conocer lo que es un día de mercado domínico-haitiano —al instante de decirlo, me disgusta mi abierta mentira. En nuestras reuniones mensuales de *sangha*, mi maestra de yoga nos hace leer los cinco principios de la consciencia y siempre hay uno en el que pareciera resbalarme, ese que dice: Estoy decidida a hablar con sinceridad, a decir la verdad... y a no difundir cosas que no sé si son ciertas. Últimamente, cada vez que me veo metida en la red de alguna mentirilla de mi propia cosecha, una luz roja espiritual se enciende en mi mente. Supongo que he progresado, pues antes solía mentir sin pensar dos veces al respecto.

Visita a los pitouses

El domingo anterior a nuestra partida, en la tarde, Bill va a las montañas con Mikaela para recoger a todos los viajeros: Piti y Eseline y Ludy; Wilson y Charlie. Dormirán todos en el primer piso de la casa grande, de manera que podamos salir al amanecer a la mañana siguiente.

Yo me quedo para pasar un poco más de tiempo con mis padres. Lo que en realidad quiere decir sentarme con ellos sin hacer nada especial. A mi papá ya poco le interesa jugar dominó (¿quién podría juzgarlo si siempre pierde?). Prefiere dormitar, aunque ya durmió hasta mediodía, cuando con una buena dosis de palabrotas y protestas, y después de mucho engatusarlo y prometerle que pronto volverá a la cama, lo llevamos a la mesa para almorzar.

Hacerle compañía a mi madre implica serios desafíos. La enfermedad aún no la ha reducido a ser una niña dormilona, pero como escritora que soy, su efecto en ella me asusta mucho más. Está perdiendo el lenguaje. Páginas enteras de lenguaje se han perdido, pilares de la historia de la familia, relatos elaborados, estructuras complejas de sintaxis que en otros tiempos lograba dominar en dos lenguas. No queda más que una pila de pronombres, verbos débiles, palabras dispersas que ella toma al pasar, desconcertada por no saber bien para qué son. Quiere contar que... ¿qué era? Y si lo recuerda, ¿dónde están las palabras para explicarlo? Hago lo posible por ofrecerle las palabras que busca, en una especie de respuesta desesperada de selección múltiple, y ella se agita cada vez más. Pero incluso cuando estoy segura de haberle atinado a la palabra que ella buscaba, Mami niega con la cabeza, no, no, no. No debería sorprenderme, pues incluso en sus mejores épocas, cuando su mente era aguda, a mi madre no le gustaba que yo le pusiera palabras en la boca y menos si eso sucedía en el papel.

Lo que ella más goza en estos días es cantar canciones de infancia y arrullos, como los que le canté a Ludy el año pasado en el camino de regreso. Mami puede recordar partes de "Brinca la tablita", "Arroz con leche", "Estaba la pájara pinta" y, una de sus preferidas, "Himno a las madres", tan sensiblera que es imposible cantar sin que se escape una lágrima. Es difícil olvidar lo que hemos sido.

Hoy cantamos con un CD que encontré de canciones dominicanas para niños. Al final, en una pausa necesaria, le cuento que Bill y yo partiremos a un breve viaje mañana.

—Volveremos el próximo sábado, para que estés al tanto.

—¿Un viaje? —pregunta—. ¿A dónde?

—En realidad, aquí cerca —¿Le cuento? ¿Por qué será que todavía a esta edad sigo siendo una niña que quiere que su madre sepa lo que se propone hacer?—. Vamos a ir a Haití.

—¿Haití? —Niega con la cabeza vehementemente—. No puede ser... tú no... o sea... —sus manos revolotean gesticulando enloquecidas, como si pudiera atrapar en el aire las palabras que busca.

Ya sé lo que sucedió. Ha visto las secuencias de imágenes en la televisión: el terremoto y todas las noticias subsecuentes.

—Ay, Mami, no te preocupes. Vamos a una parte de Haití donde no hubo terremoto —es una verdad a medias, porque sí iremos a Port-au-Prince en nuestro camino de regreso de Moustique. Pero ya dije suficientes cosas para desconcertarla.

—¿Dónde? ¿Y cómo vas... ya sabes...?

La mayoría de las veces sé lo que me quiere decir, pero esta vez no tengo la menor idea. Lo mejor que se puede hacer en estos casos es cambiar de tema, para no frustrarla más. Le pregunto si recuerda la canción sobre la palomita a la que le salieron alas y voló y se fue. Empiezo a cantarla y ella me sigue.

Esa noche, después de la cena con nuestros compañeros de viaje y con la menor de mis hermanas que también vino de lo Estados Unidos para visitarlos, Bill y yo nos despedimos de los *pitouses*. No los vamos a despertar mañana para hacerlo, puesto que salimos muy temprano.

Don Ramón ya subió y ayudó a llevar a mi padre a su cama. Cuando entramos a la habitación, la cara de Mami se ilumina. Apunta a Bill con el índice y suelta una carcajada:

—Tú... a ti... te conozco —Lo ha reconocido. Eso le encanta a Bill.

—Y yo te conozco a *ti*, Mami —contesta Bill riendo—. Y también conozco a Papi —agrega, pues mi padre ha abierto los ojos desde su cama, preguntándose sin duda quién es este intruso varón en su familia de solo hembras—. Somos una sola familia —añade Bill—. Gracias Mami y Papi por recibirme en su hermosa familia.

—Pues de nada —Mami se ríe coqueta, aún vulnerable a los elogios de los hombres. ¿Cómo es que mi esposo, que no ha vivido con esta pareja de ancianos ni la mitad del tiempo que he vivido yo, siempre sabe qué cosas decirles?

Más tarde, cuando le cuento a Bill que metí la pata y le dije a Mami que íbamos a Haití y que ella se agitó mucho, me tranquiliza:

—Ya se le olvidó. Yo no me preocuparía por eso.

Pero no puedo evitar preocuparme. Quizás es por eso que esa noche me sueño que estoy de viaje con Mami, solo las dos, en la camioneta plateada. Nuestro destino es una casa que se ve como las de Moustique, donde hay un grupo reunido, amigos, parientes e incluso sus hijas que no podían haber nacido en ese entonces, porque cuando me vuelvo hacia ella para decirle que ya llegamos, la veo como la jovencita de las fotografías de su boda.

5 de julio, otra vez en camino a Moustique

A cargar la camioneta

Muy temprano en la mañana del lunes, despertamos a nuestros compañeros de viaje, que duermen en habitaciones dispersas por el piso de abajo de la casa de mis padres: Piti y Eseline y la bebé; Wilson y Charlie; Mikaela.

Hora y media más tarde aún no hemos salido. Con la ayuda de Piti, Charlie y Wilson (y sin mí, pues tengo el buen juicio de hacerme a un lado), Bill está frustrado tratando de encontrar la manera de hacer caber todas las provisiones, los regalos y el equipaje en la camioneta, dejando espacio suficiente para que cinco pasajeros y la bebé viajemos cómodamente en la cabina, y Wilson y Charlie atrás. Cada vez que logra acomodar, cual piezas de rompecabezas, los bultos de arroz y harina de maíz y avena y habichuelas, las grandes latas de aceite y vinagre, las docenas de latas de pasta de tomate, paquetes de café, tabletas de chocolate, cajas de espaguetis y macarrones, y dos bolsos atiborrados de ropa, resulta que se ha olvidado de una maleta o de las fundas de azúcar morena o los seis racimos de plátanos o la maldita botella de Clorox. El sol sale, mi amado suda.

En cierto momento, mi hermana se asoma por los escalones de la entrada en su camisa de dormir para averiguar por qué no salimos al amanecer. Se queda con nosotros, jugando con Ludy, y sirviendo platos de avena a quienquiera que se dé un respiro de ayudarle a Bill a resolver el rompecabezas del equipaje. Le recomendamos a Eseline que no coma nada y que se tome una pastilla de Dramamine que me acordé de traer. En un instante de inspiración, que luego recordaremos con gratitud, mi hermana sube a la cocina y nos trae un atado de fundas plásticas, "en caso de que la pastilla no funcione".

Al fin, los regalos y las provisiones y el equipaje quedan organizados en una alta loma. Wilson y Charlie se suben a la cima. Los demás posamos al frente de la camioneta cargada y mi hermana toma la foto. En la entrada, Charlie se baja y abre y cierra el portón pues don Ramón ya salió para su casa al amanecer.

En la frontera

Llegamos a Dajabón, y los cónsules tenían razón. Ni Bill ni yo recordamos que la vez pasada el día de mercado fuera tan congestionado, tal vez porque era viernes a media tarde y el ritmo de los negocios ya iba bajando.

Al poco tiempo de llegar, quedamos atrapados en un río de tráfico, con la única avenida que lleva al puente atascada con camiones, carretillas, carretas de mulas, motores, gente. No hay manera de que avancemos ni de que retrocedamos, pues la multitud ya se cerró tras nosotros.

Nuestro celular timbra. Es uno de los cónsules, que obtuvo el número a través del señor Ortiz. Hay un comité de bienvenida en la frontera que lleva más de una hora aguardando nuestra llegada. ¿Dónde estamos?

Le explico que a unas dos cuadras, pero que no podemos movernos del lugar.

¿Dónde está su escolta?

¿Cuál escolta?

La escolta militar que debía encontrarse con nosotros a la entrada de la ciudad para abrirnos paso. ¿En qué tipo de carro vamos?

¿Carro?

—Vamos en una camioneta.

Escucho una pausa al otro lado, antes de que repita la información.

—Van en una camioneta. El esposo es quien conduce —debe estar hablando con los soldados por un *walkie talkie* o por otro celular. Hay algo en su tono de voz que me indica que ahora entiende por qué los soldados de la escolta no nos vieron al pasar. Probablemente esperaban un Mercedes con chofer.

Ya que no podemos devolvernos hasta donde está la escolta, me bajo de la camioneta para buscarlos. En esta atestada avenida el tráfico es de doble vía, pero parece que yo voy por el carril equivocado. Oleadas de personas me obligan a retroceder, las carretas y carretillas amenazan con atropellarme. Finalmente, diviso a cuatro jovencitos (de verdad que no parece que tuvieran más de dieciséis años), con uniformes camuflados, rifles y cascos. Es como si nos fueran a escoltar a zona de guerra, y no únicamente a Haití.

—¡Hola! —los llamo—. ¿Ustedes son nuestra escolta?

Me miran de arriba a abajo. Puedo ver que no creen que yo sea la persona importante que deben escoltar hasta la frontera: jeans negros con la parte baja ya sucia de lodo, pesadas sandalias Birkenstock, una blusa a la que le falta un botón, el pelo pidiendo a gritos un peine.

Lo que en últimas los convence es que yo marque el número del cónsul en mi celular, que no olvidé traer conmigo.

—Ya encontré a la escolta —le informo—. Vamos en camino.

Nos toma más de cuarenta minutos recorrer las dos cuadras. Los soldados avanzan primero, a pie, dos a cada lado de la camioneta, van empujando a la gente a un lado, nos abren paso. Cada pocos pasos tenemos que detenernos porque hay dos o tres camiones estacionados a lo ancho de la vía, bloqueando el camino. Los soldados están cada vez más hartos y se ponen intransigentes. Uno de ellos se porta con brusquedad con un niño haitiano, y lo quita de en medio prácticamente lanzándolo por los aires. Bajo el vidrio de mi ventana y le grito que no lo haga, pero no alcanza a oírme. Llamo a uno de sus compañeros, que está más cerca, pero ha sacado su celular y está leyendo sus mensajes de texto.

—¡Cierra la ventana! —me grita Bill, justo cuando recibimos el impacto de otra canasta con fruta.

El río de gente siente curiosidad por ese enorme pez plateado que se abre paso. La gente presiona sus caras contra los vidrios cerrados, señala lo que lleva de cargamento. Mikaela se ríe nerviosa y saluda con la mano. Al rato, todos saludamos y Piti mueve la manita de Ludy para que haga lo mismo. Solo Eseline tiene la mirada perdida, mareada. La pastilla no funcionó.

Pero no podemos abrir la ventana para que vomite, no en medio de esta multitud. Gracias a Dios tenemos las fundas plásticas.

Al fin atravesamos el arco y llegamos al patio interior en el que nos aguarda el comité de bienvenida bajo el sol abrasador. Hay un par de militares con uniforme, el cónsul haitiano vestido de punta en blanco con traje completo (¡increíble!), y dos cónsules dominicanos, uno con saco y el otro con un atuendo más razonable, una guayabera que probablemente se veía bien hace un par de horas. Me presento, y luego hago lo mismo con Bill, Mikaela y nuestros amigos haitianos. Un reportero de un periódico de la capital da un paso adelante, micrófono en mano. Su fotógrafo nos pide que posemos para la foto, apretujados para que quepamos todos.

—¿Qué tiene Julia Álvarez para decirnos sobre Haití? —pregunta el reportero.

De lo más profundo de algún curso de la universidad, o tal vez de las lecturas que he hecho para investigar, surge un comentario de José Martí:

—Haití y la República Dominicana, de un mismo pájaro las dos alas, y a menos que ambas se empeñen juntas, no podrá volar.

Más tarde voy a descubrir que el símil sí era de José Martí, pero que hablaba de Cuba y Puerto Rico, y no de Haití y República Dominicana.

Los miembros del comité de bienvenida también son interrogados sobre su opinión particular. Todos hacen elaboraciones alrededor de los mismos sentimientos. Haití y República Dominicana, dos alas, dos naciones hermanas en una isla. La retórica nunca ha sido el problema.

El sol es aplastante. El cónsul haitiano, que sostiene un celular en cada mano, periódicamente se lleva uno u otro al oído y empieza a hablar. Todos tienen otros compromisos, mucho más importantes que este desarrapado grupo de viajeros. Pero el reportero quiere algo más jugoso. Algo que haga pensar a la gente de su redacción en la capital que valió la pena enviarlo a él con el fotógrafo las cinco horas hacia el norte para entrevistar a una escritora que no parece muy importante.

—¿Y qué va a hacer en Haití? —pregunta.

Le explico que voy sencillamente a visitar a las familias de los amigos haitianos en cuya boda estuvimos el año anterior.

Después, un amigo me enviará un enlace al artículo publicado en *Hoy*, contando que había ido a la frontera para recopilar hechos para un libro histórico que estoy escribiendo sobre Haití y República Dominicana. Parece que no soy la única que difunde noticias sin tener la certeza de que sean verdad.

El paisaje parlante

Ya es pasado el mediodía cuando terminamos con las despedidas en la frontera. Antes de que podamos continuar el viaje, Piti tiene diligencias que hacer en Ouanaminthe.

Me impaciento pues sé lo que eso quiere decir en esta parte del mundo: que pueden tomarnos todo el día. Con cuatro meses de planeación del viaje, se suponía que Piti debía tener todo listo.

—Así son los hijos —me recuerda Bill. Esperan hasta el último minuto; suponen que uno se ocupará de todo por ellos; leen sus mensajes de texto en el celular en lugar de controlar a la multitud. Bill no tiene que añadir lo que ambos hemos concluido a lo largo de este año. Piti, y por extensión Eseline y Ludy, se han convertido en hijos nuestros. A lo mejor tenerlos no es tan fácil como pensé.

Piti le da instrucciones a Bill para llegar a una calle secundaria donde estacionamos frente a un grupo de casitas de concreto rodeadas por un muro de piedra. Allí tiene su centro de operaciones un personaje que cambia dinero, consigue visas y se encarga de llevar personas ilegalmente a través de la frontera. Piti necesita cambiar pesos por *gourdes* para dejarle dinero a Eseline. Bill y él desaparecen en el interior y a los diez minutos yo ya me estoy preguntando si sería que los secuestraron o qué.

Me bajo de la camioneta, preparándome para irlos a buscar, y de repente miro al otro lado de la calle. BANQUE PATIENCE dice un letrero de una tienda. Estos *banques*, que en realidad no lo son, como pensé en un principio, venden billetes de lotería. Aparecerán por todas partes, y "Patience" es un nombre popular que se les da. ¡Paciencia! Está bien, me digo, subiendo de nuevo al vehículo. A los pocos minutos, Bill y Piti emergen del conjunto de casitas.

Durante este viaje eso seguirá sucediendo. Un letrero en el frente de una tienda, un logo en una camiseta, un graffiti en una pared captarán mi atención con un mensaje pertinente. Cuando ha ocurrido ya varias veces, me convenzo de que Haití me habla. Con mayor frecuencia lo hace a través de los tap-taps y sus nombres desplegados con tanta ostentación. En el momento en que necesito un recordatorio, vemos pasar un tap-tap de nombre CONSCIENCE, o L'AMOUR DU PROCHAIN (amor al prójimo), o HUMILIATION, o, en el punto más difícil del viaje, cuando me pregunte por qué me casé con este hombre tan terco, un tap-tap nos rebasará con su nombre, esta vez en inglés —no miento— MY LOVE ON THE LINE (mi amor en la cuerda floja).

La siguiente parada es una tienda de celulares, para comprar un chip de manera que el celular de Piti pueda funcionar en Haití. Esta vez no queremos tener que estar buscando un teléfono público como en el viaje pasado.

Hay unas cuantas tiendas de estas en la calle principal. El problema es que estos locales en realidad no tienen mercancías, sino unos cuantos accesorios que sirven con unas marcas y con otras no.

Cuando finalmente encontramos un chip que nos dicen que sí funcionará, decidimos probarlo antes de salir de la tienda. Llamo al señor Ortiz, que ya regresó a Port-au-Prince, para comunicarle que ya estamos en Haití.

Noto la prevención en su voz cuando me responde. Desde que supe cuál era su cargo, ministro consejero, me he estado preguntando cuáles eran exactamente sus funciones. Ahora ya lo sé. Un ministro consejero se ocupa de personas como yo. Latosos seudosobrinos, que ni siquiera tienen un parentesco con el alcalde, y que requieren favores.

—Gracias por todo.

Le cuento de la amable bienvenida en la frontera. Le digo que tuvo razón con respecto al día de mercado. Y como es mi última oportunidad para preguntar, le comento que tenemos un viajero haitiano cuya visa dominicana ya expiró. No sé si el silencio al otro lado de la línea quiere decir que la presión arterial del señor Ortiz se disparó de nuevo o que el chip dejó de funcionar. Pero al fin oigo un largo suspiro.

—¿Cuál es su estatus?

¿Estatus? No tengo la menor idea. Le pregunto a Piti. Él tampoco tiene idea.

—No tenemos la menor idea —le digo al señor Ortiz, aunque sospecho que la respuesta sea "ilegal". Luego, afortunadamente y por suerte, la señal de celular se interrumpe. Cosa de diez minutos después, cuando vamos de salida de Ouanaminthe, suena el teléfono. Es el señor Ortiz. Hay una persona en el consulado de Port-au-Prince que tratará de ayudarnos a conseguir la visa necesaria para que Piti vuelva a ingresar a República Dominicana. Me da el nombre de una mujer. Pero para eso debemos estar allá a primera hora el viernes en la mañana, ya que las oficinas cierran a mediodía y no vuelven a abrir sino hasta el lunes.

—Pobre hombre —digo, entregándole a Piti su celular. Juro que esto no lo volveré a hacer. No es nada divertido ser el motivo de los problemas de presión arterial de otra persona. Parte de la razón por la cual no he disfrutado el proyecto de la finca tanto como Bill es que como yo sí hablo español, por lo general soy la encargada de dar las malas noticias, de despedir al administrador borracho, de darle lata al ministro consejero.

El pequeño hospital con un corazón enorme

Nuestra primera parada es Milot, veinte kilómetros al suroeste de Cap-Haitïen. Tenemos planeado visitar el Hôpital Sacré Coeur, un pequeño hospital católico donde varios amigos médicos han estado en misiones. Bill había decidido ofrecerse como voluntario, incluso antes del terremoto y ahora con mayor razón. Le habíamos dicho a nuestro contacto allí que llegaríamos hacia las diez, de manera que Bill pudiera conocer las instalaciones para un futuro viaje. Pero cuando estacionamos frente al lugar ya es casi media tarde.

El hospital solía ofrecer servicios para sesenta y ocho camas. Pero los días que siguieron al terremoto lo convirtieron en un centro de diagnóstico y atención primaria para los heridos y mutilados que llegaban a raudales de la capital, que queda seis horas al sur. Tanto el hospital como el pueblo se comprometieron a no rechazar a nadie. El resultado fue que el hospital creció hasta tener más de cuatrocientas camas, la mayoría de las cuales estaban en salas provisionales bajo carpas al otro lado de la calle, y el pueblo está atiborrado de refugiados y familiares de las víctimas.

En este momento, casi seis meses después del terremoto, muchos de los pacientes están en rehabilitación, aprendiendo a usar sus miembros artificiales. Un muchacho está haciendo sus ejercicios físicos con ayuda de una fisioterapeuta rubia y simpática de California. Mi mirada cae en las prótesis de sus piernas, así que no es sino hasta que levanto la vista que noto la camiseta que lleva puesta: dice FLY, vuela, y luego una sigla que sin duda es de alguna agencia de viajes. Las camisetas también se unen a mi conversación con el paisaje. En nuestro cuarto día en Haití, cuando los ánimos decaigan y Bill y yo estemos discutiendo, pasaremos al lado de una mujer con una camiseta que dice: DEJA DE QUEJARTE: ORGANIZA UNA REVOLUCIÓN.

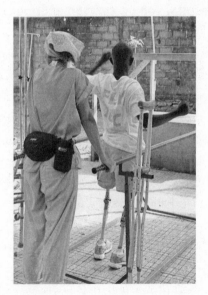

Por todas partes vemos voluntarios en uniformes médicos verdes y azules, enfermeras, doctores y terapeutas ocupacionales, de Estados Unidos, de Europa, de Rusia, de Australia. Una enfermera irlandesa de mediana edad nos recibe, con los ojos color avellana, radiantes de energía. Lleva tres meses aquí y no, no es que se esté volviendo local, bromea cuando ve que miro sus trencitas.

—Fue que una de mis pacientitas recibió un premio: jugar con lo que ella llama "pelo de muñeca".

En la sala infantil nos encontramos a tres maestros de primaria californianos que dibujan murales con árboles y flores y mariposas. Nos invitan a entrar para mostrarnos los alegres murales que ya han pintado. Veo a un bebé muy flaco que no parece tener ningún problema físico: no le faltan extremidades ni tiene heridas con vendas. Pero a diferencia de los niños en las otras cunas y camas, no tiene madre o familiar que lo cuide. Me quedo a su lado, mirándolo a los ojos, conectando. Cuando llega la hora de irnos, grita y llora para que me quede. ¿Cómo puede haber gente que hace esto?

Piti nos acompaña durante parte del recorrido, y Wilson lo espera con Eseline en la camioneta. Ha caído el silencio entre nosotros, por respeto, y no solo porque estamos ante el sufrimiento sino también porque nos vemos en presencia de la bondad. En los últimos seis meses aquí se han aglomerado personas que quieren ayudar. Un pueblo con muy poco ha abierto sus puertas para compartir con quienes no tienen nada. La gente puede ser increíblemente solidaria. ¿Por qué nos sorprende tanto? Es un triunfo para el cinismo que también llevamos dentro y que suele esperar que las personas se comporten de otra manera.

Pelea en los Jardines del Océano

Debemos tener alguna especie de mal karma con Madame Myrième que nos condena a llegar siempre en mal momento a Les Jardins de l'Ocean. Nuevamente, arribamos a Cap-Haïtien al final de un largo día, sucios, desaliñados y desanimados.

—*Bonsoir, Madame, comment-allez vous?* —desempolvo mi francés de la escuela. Homero no está aquí para hacer de intérprete y sé que Madame no habla *anglais*.

Ella recita un saludo monótono.

—*Nous sommes retournés avec nos amis* —digo, destrozando el acento.

Madame asiente. Ya ve que regresamos, yo, Bill, la joven pareja con el bebé.

—Dile que queremos cuatro habitaciones —me instruye Bill—. Pregúntale si nos puede dar una tarifa especial.

¿Bromea? Ya llegué al límite de mi francés.

—*Quatre chambres* —es lo máximo a lo que puedo llegar.

Todas las habitaciones cuestan ochenta y cinco dólares por noche, anuncia ella. Debió entender el inglés de Bill. Con un sobrecargo extra si se quedan más de dos personas por habitación, añade, al ver a Wilson, Charlie y Mikaela.

Bill mueve la cabeza con incredulidad. Como si a esta hora fuéramos a montarnos de nuevo a la camioneta para ir a buscar una alternativa mejor.

Madame cierra su libro de contabilidad, como si ya diera por terminado el día. Dos personalidades fuertes se enfrentan. Pero no es un concurso. La señora dueña del hotel con el restaurante francés es la ganadora. Bill, date por vencido.

Aceptamos las habitaciones al precio estipulado por madame, pero la partida no ha terminado. En la cena, Bill acaba sentándose en la cabecera, desde donde ve directamente a Madame en su puesto de costumbre, al otro lado de la sala en el lobby. El mesero no tomó el curso de feng shui en el que enseñaban cómo acomodar a los clientes alrededor de la mesa para minimizar el negativismo.

En realidad la disputa se debió al mesero, un joven delgado y de lentes, ansioso por agradar, que merecía una propina jugosa. Pero cuando llega la factura de la tarjeta de crédito, Bill se sorprende porque alguien ya escribió el total en letras y no queda espacio para agregar la propina.

—Déjale efectivo —sugiero. Eso fue lo que hicimos el año pasado en nuestra anterior estadía en el lugar.

—No quiero gastar el efectivo que tengo —responde Bill, irritado. Empieza a preocuparse por no haber cambiado suficiente dinero, y no quiere perder tiempo mañana yendo a cambiar más. Bill devuelve la factura. Quiere que le den uno nuevo.

El mesero regresa, con la antigua factura. Madame no puede hacer uno nuevo porque los recibos de tarjeta de crédito están numerados y debe justificarlos todos.

Bill se levanta de la mesa y camina pesadamente hacia donde está Madame para darle su opinión. Lo siguiente que sé es que Bill rasga el papelito y la señora le contesta con palabras que nunca figuraron en ningún vocabulario de francés escolar. Mientras tanto, Mikaela y yo nos miramos sorprendidas, probablemente pensando lo mismo: a menos que Bill se tranquilice, acabaremos durmiendo en la calle esta noche.

Bill se calma, más tarde en el cuarto, luego de que ha tenido oportunidad de desahogarse y de que yo manifieste estar de acuerdo con que los clientes deben poder escribir la propina en las facturas de la tarjeta de crédito. Pero permitir que la ira tome las riendas es dejarse guiar por lo peor de su naturaleza.

—Yo lo hago a cada rato —digo rápidamente, para que no tenga que recordarme que así es. Si apenas esta mañana, de no ser por el letrero al otro lado de la calle donde estábamos estacionados, habría irrumpido en el conjunto de casitas del cambista-traficante de personas en busca de Bill y Piti.

Él no entiende de qué hablo.

—¿Cuál letrero? —así que le cuento que el paisaje me habla, el BANQUE PATIENCE, la camiseta que decía FLY, el HOTEL PEACE AND LOVE. Incluso el jabón de tocador GIV (de *give* que signica "dar"), que encuentro aún en su envoltura en el baño me recuerda cómo debemos comportarnos con los demás.

Mi amor me mira en silencio, como preguntándose si no tendrá un problema más complicado que Madame Myrième: una esposa que está perdiendo la razón en Haití.

Sé que probablemente exista una patología para designar a la gente que cree en verdad que el mundo les hace guiños, y les hace llegar mensajes secretos. Eso no es lo que me sucede. Explico que son detalles del paisaje que me sirven como recordatorio, nada más.

Cuando volvemos al tema de Madame, es otro Bill el que habla, molesto consigo mismo por haberse dejado llevar por la ira y la frustración.

—Entonces, ¿qué debo hacer? —son tan pocas las veces en que Bill me pregunta algo así que saboreo el momento durante unos instantes. Y justo ahí recuerdo por qué lo amo. Nunca ha dado nada por hecho. Accedió a compartir la vida conmigo, como obras en progreso que somos, a la vez como individuos y como pareja.

—Discúlpate —le digo—. No pierdes nada con hacerlo —agrego, porque veo el fastidio que vuelve a su ceño fruncido.

A la mañana siguiente bajamos antes que Madame, para sorpresa nuestra. A lo mejor tuvo una mala noche desahogándose de la grosería de su huésped. Cuando al fin aparece, Bill clava la mirada en el piso y termina de desayunar sin ánimos. No va a hacerlo, pienso. Pero cuando vamos saliendo del comedor, en camino al piso de arriba para empacar, Bill se desvía hacia la puerta de la cocina desde donde Madame está dando órdenes. Veo el gesto de ella en cuanto lo ve acercarse. Lo escucho decir:

—Lo siento —y luego, porque anoche me preguntó cómo se decía en francés—: *Pardonnez-moi.*

En respuesta, Madame sonríe con aspereza.

6 de julio, en camino

Tal vez un poquito, sí

El camino hasta Ennery es tan largo como lo recuerdo. Lo bueno es que ahora está igual de malo que el año pasado y no peor. No se ven avalanchas de piedras provocadas por los temblores que se sintieron tierra adentro durante el terremoto. No hay más descuido del camino por el hecho de que el departamento de transporte no pueda operar porque el edificio en el que funcionaba se derrumbó. Cuando le comento esto a Piti, él se ríe. Las carreteras ya estaban mal antes del terremoto.

He estado atenta en caso de que aparezcan las vendedoras de mangos, y no solo porque nos vendría bien algo de comer. Bill ha estado jurando y perjurando, con una vehemencia que me mata de ganas de demostrarle que está equivocado, que el puesto de las vendedoras de mango está después de Ennery. Yo dije que quedaba antes. Los kilómetros se suceden y aún no se ve ni la sombra de ellas. Tal vez debería reconocer mi error. Pero desde que salimos esta mañana, cada vez que le menciono a Mikaela algo que debemos estar a punto de ver, Bill me corrige, y está empezando a irritarme.

Divisamos a una mujer vieja y sin dientes, que lleva una canasta sobre la cabeza. Cuando nos detenemos a su lado, su cara se ilumina con tal dicha, que si por mí fuera, ya hizo una venta. Pero las frutas que nos ofrece resultan ser los especímenes más lastimosos que hayamos visto. De hecho, parecen deformes.

—Está muy buena, muy dulce —nos asegura la señora. Acabamos comprándole dos piñas anoréxicas y un racimo de guineos del tamaño de dedos para distraer el hambre mientras llegamos a la venta de mangos.

—Más allá de Ennery —ofrece Bill. Si los viajeros del asiento de atrás no estuvieran presentes, tomaría una de las piñas escuálidas para darle a Bill un golpe en la cabeza.

La pobre Eseline está mal todo el tiempo. Me horroriza pensar en el viaje de regreso a República Dominicana, una vez que acabe de curarse, en transporte público. En cuanto a cuándo será eso, hay discrepancia de opiniones. Piti quiere que Eseline se quede hasta que él pueda venir a buscarla, y lo más pronto que puede volver es en Navidad, dentro de seis meses.

A pesar de lo enferma que pueda estar, Eseline no está de acuerdo. Lo cual es una buena señal y me da gusto. Bill puede tener razón cuando dice que el matrimonio no está en problemas, sino que Eseline tiene nostalgia de su casa y su país. Pero tampoco quiere pasar mucho tiempo lejos de su esposo. Le está empezando a gustar la "buena vida" en Jarabacoa. Desde nuestro viaje en febrero pasado, Eseline ha estado yendo al pueblo con la bebé en la parte trasera de la motocicleta que le ayudamos a comprar a Piti. Jarabacoa tiene que ser más estimulante para una persona joven que el remoto campo haitiano.

Eseline de verdad se ve diferente, más cuidada con su ropa comprada en una tienda, con una cartera llamativa y una gorrita de imitación de cuero. Parte de eso puede ser mi culpa, pues le he comprado ropa barata en T.J. Maxx, una tienda que queda cerca de nuestra casa en Vermont. Pero no será sino hasta que su madrina en Gros

Morne le pase la mano por el pelo que me daré cuenta de que se lo
alisó. En una foto con sus primitas, todas con el pelo trenzado, ob-
servo un gesto que se irá haciendo cada vez más familiar: Eseline
agitando su pelo de muñeca.

Eseline quiere regresar con Charlie o con Wilson, cuando vuelvan a República Dominicana en unas cuantas semanas. Pero Piti no
da su brazo a torcer. Eseline frunce el ceño y lo mira entrecerrando
los ojos. Dada mi creciente frustración con Bill, me viene bien darme
cuenta de que todas las parejas pasan por momento difíciles. "No
puedo decir/que haya ido al infierno/por tu amor", le escribe Wi-
lliam Carlos Williams a su esposa en el poema *Asphodel, that greeny
flower*, "pero a menudo/me he visto allí/en tu búsqueda".

Paramos en Ennery, en "nuestra" gasolinera. Hemos hecho un
buen tiempo hasta aquí, así que estamos animados, con ganas de tomarnos un rato para sentarnos a comer algo de lo que traemos. El
viejo restaurante está clausurado y hay uno nuevo en construcción.

Las mesas y sillas de hierro han sido trasladadas cerca de una de las bombas. La mayoría está ocupada, incluida una mesa llena de gente joven, y todos nos miran.

Bill y Piti van a un quiosco provisional en el cual se venden bebidas. Los demás tomamos las sillas que encontramos, alrededor de la única mesa libre.

Piti vuelve con las bebidas, refrescos y unas curiosas funditas de plástico llenas de agua fría que uno va sorbiendo directamente tras romper una esquina del plástico con los dientes. Cuando Bill se reúne con nosotros ya con su Prestige en mano, lo noto desencajado de nuevo. Resulta que la mujer del quiosco no quería darle su cambio. Él esperó mientras la señora tomaba otros pedidos y hacía caso omiso de su presencia. Por último, Bill extendió su mano frente a ella, y la mujer le dio el cambio a regañadientes.

—¿Qué le pasa a esta mujer? —me pregunta Bill, como si yo debiera saber.

Piti se encoge de hombros.

—Esta gente… hay personas así —Charlie se ve imperturbable tras sus lentes de espejo. No pronuncia palabra pero pareciera que está pensando en todo el asunto.

Así que le hago la pregunta directamente:

—¿Tú crees que se debe a que somos blancos?

Tras las lentes, quién sabe qué hacen los ojos de Charlie. Pero con voz tranquila, como una sibila que se pronuncia, dice:

—Tal vez un poquito, sí.

Tal vez un poquito es un progreso enorme desde mi punto de vista, dada la desgarrada historia racial de Haití.

Piti pica las dos piñas con un machete romo, cortándolas con destreza en pedazos.

La anciana vendedora tenía razón. ¡Son las piñas más dulces que hayamos podido comer! Cada uno toma unos cuantos pedazos y luego les pasamos el plato de cartón a nuestros comensales vecinos en las demás mesas de hierro.

La mujer del quiosco ha estado observando la ronda que hace el plato de cartón. Cuando regresa a nuestra mesa, me hace un gesto para indicar que le lleve un trozo.

—¿Vas a darle un pedazo de nuestra piña? — pregunta Bill, incrédulo.

—Claro que sí —Voy hasta la caseta y le tiendo el plato. Ella examina los pedazos restantes y escoge el más grande. Qué lista. Me río, ella se ríe. Poco después estoy de vuelta en nuestra mesa, y miro hacia donde está la mujer. Me señala con un gesto el trozo que aún queda en el plato. Me levanto otra vez, mientras Bill niega con la cabeza fingiendo desaprobación. A estas alturas, está disfrutando la manera en que resultaron las cosas. En el mostrador le entrego el plato a la mujer y luego le tiendo la mano, con la palma hacia arriba. Ella sabe lo que pido y choca su palma con la mía antes de meterse en la boca el último pedazo de piña.

Dos montañas no se juntan pero dos personas sí

Después de Ennery es que la carretera se hace polvorienta y las gomas de la camioneta forman nubes de polvo blanco. Esta vez no tenemos la posibilidad de meter a todos los pasajeros en la cabina, de manera que Charlie y Wilson se cubren nariz y boca con pañuelos, como rebeldes guerrilleros que quisieran resguardar su anonimato.

Lo que nos mantiene animados a todos es la perspectiva de los encuentros que nos esperan: Piti con su madre; Charlie con Rozla y su papá; Eseline con su familia y Ludy con todos. "Dos montañas no se juntan pero dos personas sí", suelen decir los dominicanos. Un refrán que también existe en creole: *Dé mònpa janm kontré, min dé moun vivan kontré.*

El reencuentro con las señoras de los mangos es un dulce preludio de lo que nos aguarda en Moustique. Al orillarnos en el camino y bajar de la camioneta, yo con Ludy en brazos porque Eseline ha estado demasiado mareada para cargarla, las caras de las señoras se iluminan. Se ríen, asintiendo. De nuevo nos vemos. Dos montañas jamás podrán hacer algo así, pero dos o más personas sí.

Mi irritación con Bill queda olvidada, aunque se encendió momentáneamente cuando señaló que las señoras de los mangos estaban justo frente a nosotros, tal como había dicho. La alegría del momento irradia sobre cualquier malentendido marital que hayamos podido pasar en este viaje. Las horas y los días de nuestras vidas avanzan sin parar, y la muerte nos llegará a todos, incluso a mí y a mi desesperante amado. No hace falta que yo lo mate. El tiempo lo hará por mí.

Hacemos nuestra compra, y Ludy ávidamente trata de agarrar un mango para comérselo. Esto también deleita a las mujeres. Aplacar a una bebé hambrienta. No es algo que pueda darse por sentado en esta zona del campo haitiano.

Nos subimos de nuevo a la camioneta y nos alejamos haciendo sonar la bocina y diciendo adiós. La parada nos reanimó. Incluso Eseline ha salido del estupor del mareo. La pastilla de Dramamine que tomó con el almuerzo debe estar haciendo efecto. Eso y la inminente llegada a casa. Mientras más cerca estamos de Moustique, más contenta se ve ella.

—*Chichí, chichí* —señala por la ventana a su bebé, riendo.

"Chichí" es una palabra que se usa en República Dominicana para decir "bebé", y es interesante que use precisamente esa palabra porque se ha negado a hablar nada de español en los meses que lleva allí. Pero ahora es la hija que regresa y se jacta de lo que ha aprendido en sus viajes.

Al aproximarnos a Gros Morne, Piti pregunta si podemos hacer una parada breve. Eseline quiere saludar a su madrina. Nos desviamos de la carretera principal, doblamos aquí y allá por callejones tan estrechos que no parece que cupiera un vehículo. Finalmente, Eseline nos hace señas para que nos detengamos bajo un árbol escuálido. Tenemos que caminar el último trecho hasta la casa de su madrina.

Mientras desembarcamos, dos niñitas llegan corriendo y se le abalanzan a Eseline. Su madre viene al trote detrás, con los brazos abiertos. Mece a Eseline en un abrazo tan intenso que sorprende que la chichí no salga volando de los brazos de su madre. La madrina da un paso atrás para examinar a su ahijada de pies a cabeza, y mueve la cabeza con agrado por lo que ve. Eseline ha aumentado de peso. Se ve tan elegante con su camiseta roja viva con broche de "diamantes", una falda beige con cierto brillo, y un bolso color mostaza. Pero lo que produce las exclamaciones más sonoras es su pelo.

Recuerdo a la madrina el día de la boda. Había estado preparada, en caso de que esta otra madrina no cumpliera su promesa y se hubiera ido a la reunión de las Trece Abuelas Indígenas, para ocupar su lugar. En la boda, la madrina de Eseline estuvo seria, llegando casi al punto de la frialdad excesiva, a lo mejor debido a estos *blans* que se iban a llevar a su ahijada después de la ceremonia. Ahora se deshace en sonrisas, y el espacio entre sus dos dientes delanteros la hace ver aún más alegre.

La madrina me recuerda, y a Bill. Examina a Mikaela. Después me señala, y también a Bill. Hago un gesto de asentimiento. La mujer ríe. Lo sabía, Mikaela es nuestra hija.

Las dos niñitas, junto con una tercera, desaparecen con Ludy, como si fuera su juguete nuevo. Las seguimos por un trillo estrecho que nos lleva a una casa diminuta. La primera habitación la ocupa una enorme cama, en la cual las niñas han depositado a Ludy y le entregan una muñeca calva, sin piernas, de piel blanca, para que juegue con ella. Su nueva muñeca viviente que juega con la otra, vieja y maltrecha.

Atravesamos una segunda habitación y pasamos a una tercera, y esa es toda la casa. Se inicia una discusión, y pienso si vamos a quedarnos y a comer. Parece que perdimos a nuestros traductores. Charlie y Piti se han quedado atrás del bullicioso grupo de mujeres. La madrina destapa una olla de arroz blanco, tal vez para que Eseline lo vea, y luego la envuelve en un trapo para que se la lleve.

Piti y Charlie se reúnen con nosotros, radiantes, evidentemente felices de estar entre los suyos. En especial Charlie, y por una buena razón. Resulta que Rozla se trasladó a Gros Morne para estudiar, ¡y esta es la casa en donde vive ahora!

Desafortunadamente, no volverá de clases hasta media tarde, luego de nuestra partida. Pero eso no importa, porque Charlie la verá la próxima semana, a lo mejor con permiso de sus padres, para pedirle que se case con él.

Tenemos que interrumpir la reunión, a pesar de lo agradable que es, porque ya son más de las tres y nos esperan varias horas de viaje, incluyendo el largo trayecto hasta Bassin-Bleu, el cruce de Trois Rivières, y la hora de camino por el sendero de tierra hasta Moustique. Queremos llegar a casa de Charlie a tiempo para instalarnos antes de que oscurezca.

Las niñas entregan a Ludy a regañadientes, y regresamos a la camioneta. Rodeo a Eseline con el brazo, que es un gesto de cariño común en mí. Por primera vez, Eseline responde y a su vez me rodea con su brazo. La acogí hace un año, cuando se casó con Piti. Pero no es sino hasta este momento que ella me acoge a mí.

Nos encomendamos a un Ser Superior

Estamos de nuevo en la carretera principal, observando con nerviosismo la luz que declina en el cielo del final de la tarde. Y no se debe solo a la puesta del sol, sino también a las nubes de lluvia que se aglomeran en la distancia. Parecerá el colmo del egoísmo desear que no llueva en este Haití reseco y asolado por la sequía, pero no solo se nos mojaría el equipaje y se echarían a perder algunas de las provisiones que llevamos, sino que además en este paisaje erosionado, las lluvias suelen producir inundaciones repentinas.

—¿Qué vamos a hacer? —le pregunto a Bill con voz calma para no alarmar a nadie.

—No hay nada que podamos hacer —me responde. Vaya intento de tranquilizar a su mujer.

Examino el desolado paisaje en busca de algún mensaje reconfortante en una camiseta o en el letrero de una tienda, pero Haití ha dejado de hablarme. A menos de que uno cuente lo que está por suceder a continuación como una señal de que este viaje requerirá de mí más de lo que estoy dispuesta a dar. Más adelante hay una multitud agolpada alrededor de dos camiones, que miran en direcciones opuestas. De alguna manera, al pasar uno junto a otro, sus partes traseras se rozaron y se engancharon entre sí, y ahora están literalmente unidos y no pueden separarse. Pero aún peor, la parte delantera del que mira hacia nosotros cayó en la cuneta, y en un intento fallido por separarse del otro pisando el acelerador hasta el fondo, el conductor lo metió más profundamente en el hoyo. Como los dos camiones ocupan todo el ancho de la carretera, nadie puede pasar.

La multitud, compuesta en su mayoría por hombres, grita recomendaciones y da instrucciones, o mira lo que sucede sacudiendo la cabeza. Detrás de nosotros se van acumulando carros y motos, y vemos que sucede lo mismo al otro lado del bloqueo. ¿Cómo vamos a llegar a nuestro destino? Piti, nuestro diligente resuelveproblemas, empieza a hacer averiguaciones, pero parece que no hay otro camino hacia Bassin-Bleu. Pasa media hora, y luego una. Se acerca la noche. La única solución que veo es volver a Gros Morne y pedirle a la madrina de Eseline que nos permita alojarnos en su casa. No es una gran solución una vez que reviso mis cálculos: una sola cama compartida entre demasiados que somos.

Un hombre fornido con un potente vozarrón se ha hecho cargo

de lo que sucede. Da instrucciones para mecer y bambolear los dos camiones para así desengancharlos, pero no sirve de nada.

Decido preguntarle si no hay algún tipo de autoridades locales a quienes acudir.

—¿Policía? —le digo. Qué pregunta más estúpida.

El hombre me mira durante un largo instante.

—¿*Polis?* —resopla por fin, y se frota los dedos entre sí. Dinero es lo único que puede atraer a la policía a un lugar—: *Polis* —repite insistentemente, cada vez más enojado. Y luego señala a lo alto y dice—: *Bondye.* —Dios es el único que puede ayudarnos.

¿Quizás este es el mensaje? Encomendarse al que está en lo alto. Regreso a la camioneta, que tiene las cuatro puertas abiertas para que circule el aire. En el asiento trasero, Eseline no pudo esperar más para probar el primer bocado de comida casera de su país, y arrasó con el contenido de la olla que le dio su madrina. Estoy a punto de recordarle que no debería comer para no marearse, pero la verdad es que no hay problema pues no vamos a poder seguir a ningún lado.

Mikaela me sigue de vuelta a la camioneta. Durante horas en el camino hemos hablado de todo tipo de cosas, incluidas la meditación y la yoga. Ella expresó interés en aprender a meditar.

—Podríamos intentar hacerlo ahora —propongo.

No importa que sea la peor de las circunstancias: estamos rodeadas de una multitud ruidosa y frustrada, los truenos rugen a lo lejos y el temor a las inundaciones repentinas merodea en la cabeza de al menos una de las dos. Le explico a Mikaela lo más elemental: cerrar los ojos, acoplarse al ritmo de la respiración mientras los pensamientos entran en escena, observarlos, dejarlos ir.

Hacemos unos diez minutos de esto antes de que nos interrumpan los hombres que regresan a la camioneta. Piti encontró un guía que dice que puede mostrarnos un desvío al otro lado de la carretera. Pero pensé que no había otra ruta, digo. Este joven dice que hay una manera de llegar desde aquí hasta allá. El problema es que Piti no lo conoce, así que bien podemos acabar atascados en alguna otra parte o, lo peor de lo peor (por cortesía de mi desbocada imaginación), puede ser que nos conduzcan a una emboscada. Miro a Piti directo a los ojos. Es el momento en que uno le hace saber a un hijo adulto que los papeles se han invertido. Que ahora él se encargará de cuidar de nosotros.

—Lo que te parezca mejor, Piti. Confío en tu criterio.

—Revisé sus papeles. Fue chofer y creo que puede ayudarnos.

Y es así que, tras una hora de espera, nos subimos al vehículo junto con un joven de cara amable cuyas instrucciones Piti va traduciendo. Damos la vuelta y nos dirigimos de nuevo hacia Gros Morne hasta que llegamos al cauce casi seco de un río que cruzamos hace un rato. Allí nos salimos de la carretera, por la orilla del río, hacia el lecho mismo. Lo seguimos, tomando las curvas que da, a lo largo de casi tres kilómetros. Si ese aguacero se decide a caer, estaremos en graves problemas. De hecho, así es como suceden las inundaciones repentinas: cauces secos que en un instante se llenan de corrientes de agua turbia y arrasan con todo a su paso (las he visto en el Weather Channel). Tengo que recordarme de respirar una y otra vez.

Solo cuando vemos un camión que viene hacia nosotros, en dirección opuesta, un camión que Mikaela reconoce por haberlo visto del otro lado del bloqueo de la carretera, exhalamos un suspiro de alivio. Si ese vehículo logró llegar hasta aquí, entonces nosotros también podremos, y viceversa. Nos hacemos señales con las luces, pues cada uno es portador de buenos augurios para el otro.

Por último, nuestro guía nos indica que salgamos del lecho del río para tomar un sendero angosto. Nos abrimos camino entre cactus y ramas hasta que llegamos a la carretera a Bassin-Bleu, ¡qué bien! Le damos una propina a nuestro guía y lo dejamos salir, pero antes cada uno de nosotros insiste en darle la mano.

Ahora, nos queda una carrera contra el tiempo... ¿qué tan rápido podemos ir en una carretera tan mala? Bill está decidido a mostrarnos.

—Por favor, *honey* —le ruego, una y otra vez.

—Pero si no voy rápido —Y tiene razón: sesenta kilómetros por hora no es nada, si uno va por una carretera decente. Los que van en la parte de atrás se agarran de lo que pueden para no caer—. No se están quejando —agrega Bill. Pues claro, no se van a quejar con la persona que los lleva gratis a su casa en Haití.

Y seguimos a los tumbos hacia Bassin-Bleu. En Trois Rivières hacemos una breve parada para llenar dos botellones vacíos de agua para lavarnos. Y luego empieza a llover, una llovizna suave y brumosa. Un poco más allá, al otro lado del río, por el camino, nos detenemos para que Wilson se baje frente a una destartalada caseta de madera.

¡Más vale que la siguiente parada sea donde Charlie! Pero cada vez que superamos un obstáculo, surge otro más. Este es el momento en que nos topamos con el hombre que carga una cama para ofrecerle a su novia, bajo la lluvia. ¿Cómo no vamos a ayudarle? Varios kilómetros después de dejar a hombre y cama, y casi una hora después de atravesar Trois Rivières, llegamos a casa de Charlie, envueltos en la oscuridad.

La familia de Charlie ha estado aguardando nuestra llegada, incluso la pequeña Soliana, que ya no está con su hermana mayor Rica, que partió a estudiar a Gros Morne (¿Será el comienzo de una gloriosa tendencia en el Haití rural: el que las jóvenes logren tener una educación?). Una de las hermanas de Charlie, Roselin, a quien no recuerdo del año pasado, se une al comité de bienvenida. Es alta, bella pero en su rostro lleva una expresión de preocupación. Pronto nos enteramos de la razón. En la casa, su bebé enfermo llora a gritos. Ha sufrido de diarrea durante días, no retiene nada. Su niña de cuatro años, Rachel, asoma detrás de las faldas de su madre, fascinada: gente blanca con maletas, mochilas, linternas, cámaras digitales. Lo mejor: bulto tras bulto de provisiones.

Descargamos rápidamente la camioneta. Todo debe ser llevado adentro, a resguardo de la lluvia. Piti se apura para dejarnos instalados, incluida Eseline, que se quedará en casa de Charlie con Ludy. Está demasiado oscuro en esta noche de cielo nublado como para andar por ahí con un bebé. Una vez que estamos listos para sentarnos a comer, Piti se excusa de cenar. Necesita irse ya, pues tiene que caminar hasta la casa de su madre y luego hasta donde Eseline, para avisarles de nuestra visita mañana. Una misión de varias horas.

Antes de irnos a la cama, Roselin me hace señas para que vaya a ver a su bebé enfermo. Jean Kelly está acostado en una cama en un angosto cuarto en la parte trasera de la casa. Sus ojitos tristes y oscuros se ven enormes en su carita demacrada. Quizás es porque me recuerda al niño que vi ayer en el Hôpital Sacré Coeur, que tengo esta horrible sensación de que Jean Kelly no va a durar mucho en este mundo. Eso es lo que se ve cuando uno se topa frente a frente a una mortalidad infantil del sesenta por ciento: una madre angustiada y su bebé afiebrado e inquieto.

Los ojos de Roselin buscan los míos. Una mirada que supone que yo sé lo que puede hacerse para salvar al bebé. ¿Qué le puedo decir? Podría señalar hacia arriba, como el hombre enojado en la carretera bloqueada esta tarde. Solo Dios puede ayudarte. El dinero también serviría, si hubiera una farmacia cerca con medicinas que ella pudiera comprar. La pequeña Rachel me mira con ojos curiosos. ¿Por qué llora esta señora *blan*? Si así es la vida normal en Haití. No hay nada por qué llorar, y a la vez uno podría llorar por todo.

Cuando estamos por acostarnos, la hermana de Charlie, Tanessa, a quien recuerdo de la vez anterior, entra con dos bacinillas, una para Mikaela y una para nosotros, para dejar bajo nuestras camas. Sin duda recuerda que el verano pasado uno de nosotros orinó en su patio delantero.

—*Mèsi* —digo delatándome con una sonrisa avergonzada.

Y mientras doy las gracias, me acuerdo de decirle a Bill que hizo una labor excelente trayéndonos hasta aquí sanos y salvos. Once horas de camino y ni un solo incidente que pudiéramos atribuir a nuestra culpa. Una cosa más:

—Tenías razón en lo de las vendedoras de mangos —admito al fin. ¿Por qué hace falta que me enfrente a un bebé al borde de la muerte para dejar atrás mi ánimo de revancha?

Toda la noche, una y otra vez, me despierto con el llanto de Jean Kelly. Que sobreviva, pido en plegaria. Y como si cualquier dios merecedor de escribirse con D mayúscula fuera a transarse por un trueque semejante, ofrezco cualquier cantidad de aguaceros por la pronta recuperación de Jean Kelly.

7 de julio, un día (y una noche) en la vida de Moustique

La pregunta de Infancia

Hacia la mañana, el bebé deja de llorar. Pero en lugar de tomar eso como una buena señal y dejarme arrastrar por el sueño reparador, empiezo a preocuparme por lo que pueda haberle ocurrido a Jean Kelly. Decido levantarme y averiguar cómo está.

Afuera no solo está el sol brillando, sino también Roselin, sentada en una silla de fibra, jugando con Jean Kelly sentado sobre su regazo. ¡La fiebre cedió! Su madre lo presume con orgullo. Es un bebé hermoso.

Nos quedamos en el patio, tomando el café que Bill prepara con un colador de tela que trajo desde República Dominicana. Caigo en cuenta de que no hemos visto a Daddy. Cuando pregunto por él, Charlie responde:

—Se ha ido a su hogar —Y tal vez por mis preocupaciones por Jean Kelly, se me cruza por la mente que Daddy puede haber muerto—. ¿Está bien?

—Daddy está muy bien —contesta Charlie.

El rumor de que yo había preguntado por él debió extenderse, porque unos minutos después aparece el señor y se ve muy bien, delgado y alto y buen mozo como su hijo. Pero, y esto es algo que recuerdo de la vez pasada, parece un poco ido. Probablemente todavía lo llena de tristeza la muerte de su esposa hace dos años. Debió ser una matriarca muy querida porque basta con mencionar su nombre para que una nube de tristeza se pose sobre todos los integrantes de la familia.

Nuestra primera tarea después de desayunar es organizar las provisiones que anoche apilamos en la oscuridad sobre todas las superficies disponibles. Piti y Eseline clasifican los sacos de arroz y de habichuelas y de azúcar y las latas de aceite, para hacer tres montones. Pensamos que serían dos los destinatarios de nuestros regalos: la mamá de Piti y la familia de Eseline. (Nuestro arreglo con Charlie es pagarle en efectivo, como haríamos con un hotel). ¿Pero cómo van a apilar su abundancia Piti y Eseline frente a tantas caras necesitadas y no compartirla? El tercer montón es para la familia de Charlie. Todos miran, sonriendo.

A media mañana vamos monte arriba, por el sendero de tierra, hacia la casa de la madre de Piti.

—No puedo creer que hayas hecho este trayecto anoche —digo, sacudiendo la cabeza sorprendida. Piti sonríe a modo de respuesta. Me doy cuenta de que lo divierte mi asombro por cosas que él considera completamente comunes y corrientes.

El sendero se termina y nos bajamos de la camioneta para seguir a pie el resto del camino. Eseline encabeza el grupo. De repente, suelta un grito y sale corriendo a través de un maizal. A los demás nos toma unos momentos distinguir a la diminuta mujer que trabaja en medio del campo. Eseline jala la mano de su suegra para llevarla al camino y encontrarse con nosotros. Pero la mamá de Piti se resiste, señalando su vestido sucio y sus pies llenos de lodo. Más tarde le explicará a Piti que estaba toda arreglada para recibirnos en la mañana temprano, pero que, como no aparecíamos, pensó que habíamos cambiado de idea. Además, tenía cosas por hacer.

Bueno, dos montañas no pueden juntarse pero dos personas, sí. Bill y yo nos internamos por el maizal para ir a saludarla. Nos abraza por turnos, meciéndonos en sus brazos, como si también fuéramos sus hijos que vuelven a casa.

Mamá Piti se junta con nosotros en el sendero, atraída por el anzuelo de su nietecita, dormida en brazos de su padre. Piti levanta el trapito que cubre la cara de Ludy para evitar que el sol le caiga en los ojos. Mamá Piti ha estado sonriendo con los labios cerrados desde que nos encontramos, y parece como si tratara de disimular la sonrisa. Pero ahora sí se suelta y sonríe ampliamente. Veo lo que está ocultando: le falta la mayoría de los dientes delanteros.

Vamos andando hacia la casa. El camino es demasiado estrecho para mantener los brazos rodeándonos una a la otra, pero lo intentamos. En la hondonada está la casita, con el techo de metal oxidado, las paredes de tierra agrietadas y con parches derruidos. Es la casa de una mujer mayor cuyos hijos han crecido y se han ido lejos. De hecho, cuatro de sus cinco hijos varones trabajan en República Dominicana. En un momento de desahogo, me pregunta algo que Piti al principio se rehúsa a traducir:

—¿Por qué te has llevado a todos mis hijos?

Mamá Piti desaparece en el interior de su casa. Supongo que nos estará preparando café o estará buscando sillas para sentarnos. Pero al recorrer su jardín con Piti, nos la encontramos en la parte trasera, terminando de lavarse los pies y de ponerse su atuendo de visitas: un vestido de estampado rojo y blanco descolorido con un cinturón negro. Se ha quitado el sombrero de paja y en su lugar tiene un pañuelo limpio atado a la cabeza.

Nos quedamos de pie un rato, las sillas escasean por aquí, observando a Ludy y a su abuela que se compenetran entre sí. Es difícil hacer conversación cuando no se tiene un idioma en común. Piti traduce al creole y luego de vuelta al español. En un momento dado, le pregunto el nombre de su mamá, para no seguirme refiriendo a ella como a Mamá Piti. Infancia, un nombre curioso para una mujer anciana. En cuanto a su edad, ella no está muy segura. ¿A lo mejor setenta? Su respuesta es una pregunta, como si su edad fuera algo que nosotros deberíamos determinar.

Me doy cuenta de que en nuestro entusiasmo por salir hacia acá, dejamos las provisiones en casa de Charlie. Piti le traduce a su madre que sus regalos vendrán después: arroz y habichuelas y azúcar, latas de pasta de tomate y sardinas, cajas de chocolate y espaguetis. Infancia sonríe ampliamente. Tiene que haber ciertas ventajas en tener hijos que trabajan en la *République*.

Es casi mediodía, y todavía tenemos un trayecto más largo para llevar a Eseline y a la bebé donde su familia. Infancia nos acompaña de vuelta a la camioneta. Al despedirnos, no puedo dejar de pensar que, si bien no soy responsable por todos sus hijos, sí soy la causa de que uno de ellos se haya ido. No sé cómo compensar a Infancia, fuera de prometerle que cuidaré de su hijo. Piti traduce mis palabras. La miro a los ojos, tratando de decirle lo que no se podría poner en palabras, incluso si habláramos el mismo idioma. Me devuelve la mirada. De repente me doy cuenta de que sus ojos son los ojos de su hijo, que yo veré con mucha más frecuencia que ella.

Los grandes problemas del mundo

Devoramos el almuerzo —nuestro menú rápido estándar de este viaje: casabe con queso y la fruta que haya a la mano— y después amontonamos los regalos en la camioneta. Sería mucha carga para llevar hasta casa de Eseline, pero Piti nos asegura que la familia ya sabe que llegaremos y estarán esperándonos en la carretera con su burro.

Todos estamos emocionados de pensar en el reencuentro de Eseline con su familia, luego de casi un año de separación. Pero también nos emociona Charlie, que va a pedir formalmente la mano de Rozla a sus padres. Yo estaría sudando a chorros, pero Charlie se ve tan inalterable como siempre, con su camiseta amarilla de cuello y sus lentes de espejo. Aunque hace mucho tiempo que dejé de ser joven, debo confesar que cada vez que estoy con Charlie me siento de vuelta a la secundaria. Es un tipo chévere, de los que son amables con todo el mundo, de esos de los que todas las muchachas están enamoradas. No sé cuál será el equivalente en Moustique, pero no creo que los papás de Rozla vayan a encontrarle inconvenientes.

Pero ahora que lo pienso, esos muchachos chéveres de la secundaria eran precisamente los tipos con los que nuestros padres no querían que saliéramos. Esa personalidad "chévere" de Charlie podría obrar en su contra. Según la propia Eseline, su padre es difícil. Con seis hijas y un solo hijo varón, Papá se cuida de controlarlo todo. Basta con ver las dificultades en las que puso a Piti nada más porque no podía darle a Eseline un par de pendientes. Si le encontró objeciones a Piti, las verá en cualquier otro. Puede ser que rechace a Charlie de plano.

Ojalá tuviera con Charlie la familiaridad que tengo con Piti, para darle algunas recomendaciones. Los lentes de espejo deben quedar fuera. El pañuelo que se amarra al cuello envía el mensaje equivocado. Es el tipo de cosa que puede verse muy bien en un hotel en las Bahamas, pero no con Papá Eseline quien, ante todo, es un campesino, un hombre que asistió a la boda de su hija con su ropa de trabajo.

Pero no soy tan cercana a Charlie y además, quién sabe cómo funcione el sistema de preferencias para el matrimonio en este país... qué atributos compensan cuáles defectos. Bien puede ser que los papás de Rozla queden impresionados con las credenciales de Char-

lie: sus estadías de trabajo en las Bahamas y en República Dominicana. Su casa con piso de concreto y techo de zinc. Su modesto
dominio del inglés y el español. Lo que puedo hacer es poner mi
granito de arena cuando haya ocasión. Con mi escaso francés y mis
habilidades de mimo que van mejorando ostensiblemente, les haré
saber a los padres de Eseline que *Charlie est très bon, très inteligent,
très très magnifique*. Haití ha sacado a la superficie la casamentera
que llevo dentro.

Piti les dijo a sus suegros que estaríamos a mediodía en el punto
donde el sendero se encuentra con la carretera. Pero es más de la una
cuando finalmente llegamos al lugar. Afortunadamente, el comité de
bienvenida no se ha dado por vencido todavía: tres de las hermanas
de Eseline y un burrito nos esperan. Eseline abre la puerta trasera
antes de que la camioneta se haya detenido y salta a saludarlas. Las
hermanas se abrazan, entre exclamaciones y risas, como un grupo de
porristas. Siento como si a mi corazón le hubieran brotado alas, y
tratara de salir de la jaula de mis costillas para sobrevolar esa escena
feliz. Cometo el error de mirar hacia arriba, para ver solo nubes ame-
nazantes que se mueven por el cielo hacia nosotros. Me acuerdo del
trato que hice anoche con Dios y tiemblo de pensar en lo que se nos
viene encima.

Una vez que comenzamos a descargar la camioneta, empiezo a
pensar que no hay manera de que ese pobre burro pueda con todo
en sus dos alforjas. La mayor de las tres hermanas que nos esperaban,
Lanessa, se hace cargo. Es una muchacha alta y esbelta, de menos de
veinte años. Es la que le sigue a Rozla. Lanessa va poniendo cosas en
las alforjas hasta que las llena. El pobre burro resopla con tanto peso.
En momentos como este, vuelve a mí la idea de la reencarnación.
¿Qué dictador salvaje o cruel guerrero ha vuelto al mundo para pagar
por sus excesos?

Por último, Lanessa pasa una cuerda por encima de la carga y por debajo de la panza del burro, y tira de ella para que quede ajustada, echándose para atrás en sus talones. El burro se tambalea como si fuera a caer de lado. Finalmente, con la carga ya segura, tomamos camino. Lanessa dirige al burro con la cuerda en la mano y la montaña de regalos. Su camiseta roja dice SANTA LOVES ME. Hoy parece que sí la ama.

Subimos el cerro y volvemos a bajar en fila india por el estrecho sendero, que me hace recordar la excursión del año pasado: el grupo que fue a despedir a la novia después de la boda, como si partiera a una tierra lejana. Ahora la traemos de regreso.

Al llegar a la cumbre de otro cerro, el burro empieza a trotar y Eseline acelera el paso. Por supuesto, allá abajo está la casa de sus padres, en el claro. Un grupo de niñas y un solo niño suben por la ladera a nuestro encuentro. Tras ellos, una mujer de cuarenta o menos, abre los brazos en una gozosa bienvenida. Hay gritos de felicidad cuando madre e hija se precipitan para abrazarse.

La bebé pasa de mano en mano. Ludy debe ser lo que yo llamo una "bebé Buda", que soporta todo ese alboroto a su alrededor con expresión indescifrable. Mmmmm, otro día entre la raza humana. Se la llevan tres hermanitas de Eseline, entre los ocho y los once años, aún en edad de jugar con muñecas. Pero no se conforman con esa muñequita sino que también se llevan a Mikaela por un camino que va hacia las casas que rodean a esta.

—¿Qué querían? —le pregunto más tarde, cuando vuelve.

Mikaela no está muy segura.

—Me llevaron de casa en casa para mostrarme a las familias. También querían jugar con mi pelo —Una muchacha menudita con el pelo rizado y ojos azules. Difícil encontrar una muñeca más bonita.

Un rato después, cuando me preguntan por mi familia, saco de la billetera una foto de mis dos nietas, lindas y rubias. Lanessa toma la foto con ambas manos y la devora con la vista, con cara de fascinación. Le dice algo a Piti, quien a su vez me traduce:

—Pregunta que si por favor, por favor, puede quedarse con la foto —Me desconcierta un poco. ¡Lanessa ni siquiera sabe quiénes son estas niñas! Pero tener su foto es una manera de tenerlas a ellas, al menos para verlas. Le regalo la foto. Tengo muchas más en casa.

Mientras las niñitas se alejan para jugar a las muñecas con Ludy y Mikaela, a Bill y a mí nos llevan de la mano bajo la enramada, para que nos sentemos en sillas de fibra, como dos muñecos viejos. Piti y

Eseline conversan con los padres de ella, mientras nosotros observamos, complacidos de verlos a todos contentos.

Periódicamente, la madre de Eseline se vuelve hacia mí, suelta una exclamación levantando los brazos, como alguien que presenciara un milagro. Empiezo a sentir que debería responder de manera acorde.

—Adoramos a Piti, a Eseline, a Ludy... —Loude Sendjika, tengo que acordarme de llamarla así aquí. Y ya que estamos hablando del tema—: También a Charlie. *Charlie c'est un bon homme.*

Bill me lanza una mirada. *Cierra el pico, antes de que eches todo a perder.* Charlie no ha abierto la boca aún y los padres pueden molestarse por un romance que comenzó sin su bendición.

Como sucedió con Infancia, es difícil estar de visita sin poder sostener una conversación. Las actividades pueden ayudar. Por suerte, Eseline trajo el álbum que le hice de fotos de la boda. Las niñas han vuelto, y están al lado mío mientras paso las páginas. Se divierten tratando de identificar caras en las fotos, o miran al suelo con timidez cuando alguien las señala a ellas, como si hubiera algo vergonzoso en dejarse captar por una cámara.

Luego de mirar el álbum de principio a fin varias veces, las niñas que estaban más alejadas de este se lo llevan, para verlo con calma. Tal vez pensando que si un libro trajo tanto gusto, otro libro hará lo mismo, una de las hermanitas nos trae el cuaderno de apuntes de Lanessa para que lo miremos. Lanessa se lo arrebata, mirando a su hermanita con los ojos entrecerrados.

—Me encantaría verlo —le pido a Piti que le diga a la dueña del cuaderno. Quisiera saber qué se les enseña a los alumnos en el campo haitiano.

Sus padres le hacen un gesto para que entregue el cuaderno. ¿Qué más se les puede ofrecer a las visitas? Lanessa obedece, pero luego desaparece en la casa, como si ahora ella fuera la que se avergüenza de que la hubieran sorprendido estudiando.

Momentos más tarde, se asoma con timidez desde una puerta, mirándome. Le sonrío y sostengo el cuaderno contra mi pecho, indicando que me gustaría hojearlo. Me sonríe. Supongo que eso significa que me da permiso de hacerlo.

Resulta muy educativo recorrer las páginas de su cuaderno. El aprendizaje de memoria sigue vivito y coleando en Moustique. Cada tema consiste de una pregunta con su respuesta, una especie de catecismo de lo que una persona joven debe saber, me parece. La letra de Lanessa es apenas legible, y hay muchos errores de ortografía, que bien pueden haber salido del texto del cual copiaron los alumnos. Las lecciones son una extraña mezcla de educación sexual (una lista de los síntomas del sida, seguida por una lista de formas de prevenir su contagio antes que nada: protegerse, tener solo una pareja y, el preferido entre los adolescentes, la abstinencia); de geografía (los *"grandes pais dan le mondial"*, los grandes países del mundo son Israel, Gran Bretaña, Japón, Francia, Canadá y *"l'Allemagne de l'ouest"*, Alemania Occidental, que no existe desde 1991; una omisión evidente, la ausencia de los Estados Unidos); de política internacional (los grandes problemas del mundo son: el hambre, la pobreza, la contaminación, el racismo, la guerra y, por último, la erosión. Muy bien. La siguiente pregunta les pide que "propongan una solución a cada uno". Y no es de sorprender que las páginas que siguen a este planteamiento estén en blanco).

Después de algo más de una hora de visita, me pregunto si la petición de Charlie se va a producir o no. Son casi las cuatro y Bill y yo ya establecimos las cuatro y media como hora de partida. Eso nos dará tiempo suficiente para caminar de vuelta a la camioneta y llegar adonde Charlie antes de que oscurezca. No queremos repetir lo de anoche.

Después caeré en la cuenta de la maestría con la que Piti manejó los tiempos y la petición de Charlie. Desde la boda, y ahora con su regreso, Piti se ha convertido en un *gwo nèg*, un hombre importante en la familia. Pero en este nuevo papel, Piti tiene que jugar sus cartas muy bien para no despertar los celos de su suegro.

Piti le hace un gesto a Eseline, que entra en la casa y sale con una funda de plástico. Cuando estábamos aún en República Dominicana, Piti pidió que nos detuviéramos en una tienda de instrumentos agrícolas para conseguirle un regalo a su suegro: veinticuatro yardas de soga gruesa y roja, suficientes para atar una buena cantidad de cargamentos en una buena cantidad de burros.

En el instante en que Piti saca la soga, el padre de Eseline pega un brinco, la agarra, agarra a Piti, y lo sacude en un abrazo mientras grita de dicha. Juntos la miden, y la enrollan cuidadosamente. Más abrazos, más exclamaciones. Al sentir que el momento ha llegado, Piti le murmura algo a su suegro, que mira a Charlie. Y entonces, los tres hombres se encaminan hacia un claro en la vegetación en una pendiente suave que hay junto a la casa.

—Solo los hombres —refunfuño para que Bill me oiga, como si fuera responsable por ser del mismo género.

La madre de Eseline se queda con nosotros y sonríe ampliamente cuando la miramos. Al igual que Infancia, ha perdido la mayoría de sus dientes. Me encantaría preguntarle cosas, saber cómo se llama, cómo ha sido este último año sin su hija mayor. Pero nuestro traductor tiene tareas más importantes por hacer. Podemos distinguir su voz suave que llega hasta nosotros. El padre de Eseline responde con una explosión de palabras, en tono alto y enfático. Me hace recordar su largo discurso al final de la boda. Parece un hombre excitable, de pasiones fuertes. Solo hay que ver cómo se emocionó con esa soga. Mientras tanto, Charlie se queda calladito.

No sé si la madre de Eseline también se impacienta. Pero a los quince minutos de que los hombres estén hablando, sin previo aviso ella se levanta y va a reunirse con ellos. Los que quedamos cruzamos miradas, y Eseline sufre un ataque de risa.

Imagino que la madre los hará ir al grano y el grupo entero volverá con un veredicto. Pero más bien acabamos mandando un mensajero tras otro, y ninguno regresa. Por último, invito a Mikaela a meditar, el mismo remedio para la impaciencia que usamos en la espera con el bloqueo de la carretera por los camiones atorados. Para mi sorpresa, a pesar de su rechazo por todo lo que pueda parecer Nueva Era, Bill pregunta si puede meditar con nosotras. A modo de explicación para Eseline y sus hermanas, pongo las manos en posición de orar y cierro los ojos. Asocio plegaria con meditación, ¿cuál es la diferencia? Eseline y Piti me han preguntado más de una vez si somos misioneros.

Disponemos nuestras sillas a un lado de la casa, mirando hacia la ladera donde se está dando la discusión sobre el matrimonio. Meditamos durante unos buenos veinte minutos. Más bien, Mikaela y yo lo hacemos, pues alcanzo a distinguir los tenues ronquidos de Bill. ¡Por eso quería acompañarnos!

Al fin oigo movimiento y abro los ojos. La reunión ya terminó y el grupo viene bajando por la ladera. Estudio cada cara en busca de alguna clave sobre la decisión. Todos se ven alegres pero ninguno exultante. Miro a Charlie, levantando las cejas, y me devuelve una sonrisita. Nada de sonrisa de oreja a oreja, ni los jactanciosos pulgares en alto, pero es que la efusividad no su estilo. Tendremos que esperar al camino de vuelta en la camioneta para enterarnos de la respuesta a su petición.

Es hora de irnos. La familia de Eseline nos acompaña en la primera subida. Cuando llegamos a la cumbre desde donde los vimos al llegar, se detienen. Piti alza a su bebé en brazos, pero Ludy está más interesada en un pedacito de coco que le dieron sus tías que en responder al beso de despedida.

La despedida de Piti y Eseline es tan normal que me quedo pensando si será que no pueden darse el "lujo" de sentir tristeza. En su ensayo "Daughters of Memory", la escritora haitiano-estadounidense Edwidge Danticat pregunta: "¿Todo sufrimiento es igual… cuando la gente que sufre no es considerada igual?". Es una cuestión inquietante que me hace recordar este momento en Moustique y también el desconcierto ocasional de Piti ante mi sorpresa porque tenga que someterse a hacer algo que yo considero muy difícil o exigente o doloroso. Su mirada me da a entender que yo sí tengo la posibilidad de hacer las cosas de otra manera.

El tráfico de los mortales

No tiene sentido que nos engañemos, llueve a cántaros. El camino de vuelta a la camioneta lo hacemos al trote tendido, y no es el momento para entrar en detalles sobre el asunto de la petición de matrimonio. En pocas palabras, tanto Piti como Charlie opinan que las cosas salieron bien. Pero la falta de entusiasmo me deja pensando que deben haber puesto algunas condiciones. ¿A lo mejor volvió a salir la idea de los pendientes? ¿Quizás aumentada a un par de pendientes y dos anillos?

Una vez que estamos acotejados en la camioneta, con la lluvia tamborileando en el techo, nos dan los detalles. Como pensé, existe una condición. Resulta que en la familia hay otro hombre importante, y aún más que Piti: un tío que trabaja en las Bahamas. Este tío probablemente es el pariente en el extranjero que le envía dinero a la familia. Charlie debe llamarlo y obtener su permiso antes de que los novios puedan seguir adelante.

Mientras hablamos, Charlie saca una foto pequeña y maltratada de su bolsillo. Me imagino que es de su amada Rozla, y por eso me tardo un momento en registrar la figura diminuta vestida de azul y rodeada por el satinado interior de un gran ataúd blanco.

—Mi mami —explica Charlie.

Es un momento peculiar para traerla a colación.

Todos miramos la foto y cada uno de nosotros reacciona con un silencio respetuoso. ¿Qué se puede decir de una foto de la madre de alguien en su ataúd? Para Charlie, quizás, como para Lanessa quien se quedó con la foto de mis preciosas nietas, una foto de su madre difunta es una forma de tenerla, aunque sea para mirarla.

Pienso en mis propios padres, y que aún los tengo conmigo para verlos y acompañarlos, a pesar de lo difícil que pueda ser eso ahora.

Con noventa y cinco y ochenta y siete años, son increíblemente ancianos, y más para los estándares haitianos, aunque también para los dominicanos. La mayoría de sus contemporáneos ya han muerto o están desapareciendo con rapidez. Parece que cada mes recibiera una llamada: otra tía, otro tío, un primo mayor, un amigo de la familia que ya no está. Las pérdidas se van acumulando. El mundo se va llenando de extraños.

Me siento como ese burro, en terreno metafísico: cargada con el misterio, la incertidumbre que puede hundirme en la depresión durante semanas. Para distraerme, miro por la ventana brotada por gotas de lluvia. ¿Y qué es lo que veo? Tres niñitos agachados bajo una sombrilla en medio de la lluvia, volando una chichigua. Haití me habla de nuevo.

—Piti, ¿recuerdas cuando te conocí? —le pregunto—. Estabas volando una chichigua.

No era mucho mayor que los tres niños que nos miran. Ahora Piti es un hombre con esposa e hija. Esto es lo que la vida ofrece a cambio de los viejos que se van: los jóvenes que llegan. El tráfico de los mortales puede producir vértigo, y más cuando la generación de uno es la siguiente en partir. Pero como me dijo una vez una amiga: después de los cincuenta, nuestra tarea es mantener el buen ánimo, para no asustar a los que vienen detrás. La chichigua desciende en picada, se recupera y se eleva de nuevo. ¿Qué tan fuerte tendría que ser una tormenta para tirarla al suelo?

Líneas de canto

Para cuando llegamos de regreso donde Charlie, la lluvia cae tan fuerte sobre el techo de la camioneta que tenemos que gritar para hacernos oír. Ya en la casa, es como cambiar una cámara de eco por otra, pues el aguacero tamborilea sobre las planchas de zinc. Empiezo a pensar si podremos llegar mañana hasta la carretera principal y de ahí a Port-au-Prince.

Hoy, Jean Kelly (cuya recuperación pedí a cambio de recibir esta lluvia) está muy despierto, moviendo sus piernitas y sonriendo. Bill opina que el bebé probablemente tenía alguna infección intestinal, cosa que es bastante común aquí, donde no es fácil conseguir agua potable. Por eso fue que trajimos la nuestra y que somos tan cuidadosos con lo que comemos y bebemos. Sin embargo, a la hora de la cena, Bill relaja su determinación y se aventura con un plato de algún tipo de carne cocida que la familia de Charlie está comiendo.

—¿Qué es? —le pregunto. No está seguro—. ¿Y te lo vas a comer?

—Ellos se lo comen —responde, y se encoge de hombros.

Después de la cena decidimos irnos a la cama pronto. La lluvia en el techo actúa como soporífero, el murmullo constante de un televisor sin señal. Piti y la familia de Charlie van al cuarto del fondo. De repente, oímos saludos, risas, exclamaciones. Son visitas que llegaron por la puerta de atrás. Luego de un rato de conversación, Piti empieza a rasguear su guitarra y a cantar los himnos que su banda solía tocar en la finca.

Bill y Mikaela y yo nos asomamos desde la puerta, con la esperanza de unirnos al repentino encuentro. Los visitantes resultan ser la hermana mayor de Piti, así como Infancia que ha venido a recoger sus regalos. ¿En medio de este temporal? Parece más bien que la madre de Piti lo echaba de menos, y esta es su última oportunidad de verlo antes de que parta con nosotros al amanecer.

Nos acotejamos todos sentados en la única cama, cantando himno tras himno al son de la guitarra de Piti. Y entonces —no sé qué es lo que nos impulsa—, Infancia y yo no levantamos y empezamos a bailar mientras los demás nos miran. ¡Estas dos viejitas todavía tienen mucha vida!

Soliana y Tanessa son las primeras en entrar al círculo, y luego Mikaela. Al poco, todas las hembras que hay en la habitación nos hemos tomado de las manos y estamos bailando en cualquier área disponible. Los hombres nos cantan, celebrando las generaciones femeninas, desde Rachel hasta Infancia, del amanecer al anochecer.

Cuando se acaba la canción, volvemos a la cama y les cedemos la pista a los hombres: Charlie, el esposo de Tanessa y Papi, que debió oírnos cantar, y vino a la fiesta. Piti sigue tocando su guitarra, las

mujeres cantando, los hombres se toman de la mano y bailan. Hay algo en el aire. Podemos sentirlo vibrando en nuestro interior, alrededor de nosotros, a medida que la lluvia sigue cayendo.

Más tarde, en la cama, Bill me susurra al oído:

—Caramba… eso sí que fue… increíble.

Yo tampoco sé cómo llamar lo que sucedió esa noche en Moustique. Los aborígenes australianos creen que hay líneas de canto que sostienen al mundo en su lugar y cada generación tiene que cantarlas para mantener viva a la tierra y a la gente. Esa noche en Moustique cantamos y bailamos esos cantos. A escasos seis meses del terremoto, estábamos uniendo los fragmentos rotos de Haití, aunque fuera fugazmente, en nuestra imaginación.

8 de julio: En camino a Port-au-Prince

Un temblor, una inundación, una pandilla en el río, una pelea

En medio de la noche me despierta un zumbido agudo. Lo siguiente que sé es que el tejado de la casita se levanta y cae como si quisiera salir volando. Pienso en despertar a Bill. Pero luego, tan repentinamente como comenzó, el ruido se calla. Pronto me vuelvo a quedar dormida. Mi último pensamiento es alegre: la lluvia ha cesado.

Nos despertamos temprano en medio de una gloriosa mañana de sol. Afuera todos están hablando del temblor de anoche. Así que eso fue: ¡un temblor de tierra! Parece ser que estos temblores leves son frecuentes, pero ahora la gente no puede evitar preguntarse si este en particular se va a convertir en un terremoto de verdad.

Desayunamos apresuradamente, ansiosos de empezar el trayecto y enfrentar lo que sea que se nos cruce por delante. Esta vez, cargar la camioneta resulta rápido y fácil, pues lo que traíamos se quedó aquí. Mikaela, Bill, Piti y yo nos subimos al vehículo y les decimos adiós a nuestros anfitriones, que han salido a la carretera para despedirnos.

No hemos avanzado mucho cuando empezamos a ver las consecuencias de las fuertes lluvias de ayer. La carretera hacia el río es un camino de lodo y el agua corre por pequeños surcos que ha abierto a lado y lado. A Bill le está costando controlar la dirección, pues las gomas de la camioneta no son las apropiadas para este terreno. En determinado punto patina y vamos a parar contra un seto de cactus, que afortunadamente nos frena y evita que caigamos en una zanja. Pero al poner la camioneta en reversa, para salir de la red de hojas espinosas, se oye un horrible sonido de destrozos.

Bill se baja a inspeccionar los daños, y sé que no habrá buenas noticias. El guardabarros delantero se desprendió y el espejo lateral está doblado en un ángulo extraño. Esta camioneta de Bill es relativamente nueva, y pensó mucho si comprarla o no ya que no es el tipo de hombre que busca el último modelo cuando el viejo aún funciona. Me freno en mi intento de consolarlo. ("Ahora no tienes que preocuparte por el primer golpe a la camioneta"). Sé lo irritante que puede resultar el consuelo cuando uno lo único que quiere es desahogarse.

Con ayuda de Piti, Bill se las arregla para manipular el espejo y el guardabarros y volverlos a su posición inicial, aunque de tanto en tanto el guardabarros se va a descolgar y habrá que detenerse para fijarlo de nuevo.

Estamos de nuevo en la carretera, conteniendo la respiración cada vez que pasamos por un tramo especialmente embarrado. Ahora veo que tal vez hemos debido esperar a que se hiciera más tarde, cuando el lodo hubiera tenido oportunidad de secarse y endurecerse un poco. Es otro tema que no debo tocar. Pero esta vez los nervios me ganan, y trato de mitigar el insulto de sugerir una alternativa al preguntarle a Piti en español:

—¿Qué piensas, Piti? —le digo—. ¿Debíamos esperar un poco?
—Podríamos hacer una sesión de meditación para todos dentro de la camioneta, mientras Bill duerme una siesta.

—No me preocupa la carretera —responde, y antes de que yo pueda sentirme tranquila, agrega—: Lo que me preocupa es el río.

Es increíble que, a pesar de tener una imaginación tan activa, aún no se me haya cruzado por la mente lo que sucede cuando una lluvia torrencial aumenta el caudal de un río, o más bien, la confluencia de tres ríos. Pero ahora compenso mi descuido al imaginarme el peor escenario posible: las aguas que nos arrastran río abajo a todos, en un cajón plateado muy abollado. Y no hay nadie para sacar una foto.

—Piti dice que el río habrá crecido —le traduzco a Bill. No hay respuesta. Estoy a punto de repetir lo que dije, en caso de que no me hubiera oído, aunque lo dudo. Pero al pasar la última curva, ya no hace falta decir nada. Ante nosotros corre el río, una enorme bestia hinchada. Piti inhala en forma audible. En la otra orilla se ve gente reunida, a la espera de que el río baje para cruzar.

Así como no debió oírme, tampoco debe haber visto el río, porque cuando llega al borde, pisa el acelerador.

—¿Qué haces? —le grito cuando nos mete al agua—. ¿Te volviste loco?

¡Qué momento para preguntarlo!

—Tranquila —replica—. Aquí el paso no es profundo.

Mikaela y Piti guardan silencio en el asiento de atrás. ¿Quién podría culparlos? Yo soy la que está loca, por discutir con un loco que además tiene nuestras vidas en sus manos.

Pero sí atravesamos el bajío hasta llegar a un banco de arena. Para su crédito, Bill conserva el juicio suficiente como para detenerse, bajarse de la camioneta y estudiar la situación. Observamos la parte más ancha y profunda del río, que forma remolinos y fluye veloz aguas abajo.

Un grupo de jóvenes que han estado esperando en la otra orilla, vadean hasta el banco de arena. Cada uno viene gritando una propuesta.

—No les hagan caso —ordena Bill, como si fuera tan fácil ignorar a alguien que le grita a uno en la cara.

Piti consulta a uno de los más callados. Parece que no hay otro punto adecuado para cruzar, ni río arriba ni río abajo.

—Lo podemos hacer —dice Bill una y otra vez. Pero Piti insiste en tantear el terreno primero. Se desviste hasta quedar en ropa interior y se mete al río. Desaparece hasta la altura de los hombros, antes de que su cuerpo emerja de nuevo al otro lado. No son buenas noticias. Vuelve y recomienda que esperemos.

—Está bien, veinte minutos —acepta Bill a regañadientes.

—Nada va a suceder en veinte minutos —trato de hacerlo razonar—. Escucha, *honey*, ni siquiera son las ocho y media aún.

Bill mira su reloj. Desafortunadamente, hace varias navidades le regalé uno de esos relojes atómicos que se sincronizan vía satélite, así que nunca va a equivocarse en cuanto a la hora.

—Son las ocho y cuarenta y tres. Y no voy a esperar más de veinte minutos.

—Pues yo sí. Y Piti y Mikaela también —¿Qué puede hacer? ¿Dejarnos a los tres abandonados en medio de un río en el noroccidente de Haití?—. *Honey*, por favor —intento el acercamiento amable—, ¿por qué no aprovechamos ese tiempo para hablar?

—Podemos hablar de camino a Port-au-Prince —y tras una brevísima pausa añade—: ¿Y de qué quieres que hablemos?

Estoy intentando responder cuando me salva ver una figura conocida que se acerca para reunirse con nosotros en el playón: ¡Wilson! Iba hacia Bassin-Bleu a visitar a unos parientes, pero ahora retrasa su viaje para ayudarnos. ¿Qué dije de ahorrar y compartir? Hicimos algo bueno al traerlo de vuelta a Haití. Ahora nos va a compensar al ayudarnos a cruzar el río, para que más adelante podamos volver a casa también.

Wilson se desviste, y ya en ropa interior nos entrega su ropa a

Mikaela y a mí para mantenerla seca en la cabina. Piti y él se meten al agua, en busca de la ruta menos profunda para atravesar con la camioneta. Bill se queda en la orilla, y de vez en cuando grita propuestas.

Mientras tanto, la pandilla del río se ha aburrido de verlos trabajar. Se aglomeran junto a las ventanas abiertas del vehículo, donde Mikaela y yo estamos sentadas, y bloquean la ventilación. Decidimos bajarnos, en parte para poder respirar, pero también para alejar a los tipos de la camioneta. Han estado examinándola, en busca de algo valioso que puedan apropiarse o exigir por la ayuda que nos han prestado.

Mientras estamos ahí mirando, uno de los de la pandilla de repente le arrebata a Mikaela su botella de agua. Me enfrento al presunto ladrón, con las manos en las caderas.

—*C'est ma fille* —le digo con un rugido—. Es mi hija.

Me he convertido en una leona, porque alguien se metió con mi cría. ¡Y además acuso a Bill de tratar de matarnos! Este tipo podrá ser flaco, pero me lleva una buena cantidad de centímetros en estatura y pesa varias libras más que yo. Cosa curiosa, los demás tipos se acercan a él y le dan una serie de empujones. Ha roto algún código de honor básico que todos respetan. Uno no se mete con una muchacha en presencia de su madre.

Pero en poco tiempo están de vuelta gritando recomendaciones y señalando al otro lado. Unos cuantos recogen piedras del banco de arena y las llevan al otro lado del río para dejarlas en la orilla. ¿Estarán planeando construir un puente? Niego con la cabeza y repito varias veces "paciencia, paciencia", como recomiendan los muchos *banques* que se ven en el país. Después, Mikaela y yo hacemos la postura del árbol de yoga, en parte para presumir y en parte para entretenerlos. Algunos tratan de imitarnos.

Otro carro viene como bólido por la parte poco profunda hacia el playón. Es un jeep con un logo en el lado que dice CARE. Mikaela y yo corremos hacia él, pensando que adentro vendrá alguien que hable inglés. Pero no. El conductor, un haitiano de piel clara, nos mira de arriba abajo. Casi puedo leerle la mente: ¿por qué hay dos mujeres blancas haciendo gimnasia en la arena? Más allá Bill gesticula en dirección a Piti y Wilson, que están en medio del río, y también gesticulan. Eso debe responder a la curiosisdad del conductor, porque nos saluda con un gesto de cabeza, pisa el acelerador, y se lanza a través del río hasta la otra orilla. Eso decide nuestra situación. Bill tenía razón: si el jeep pudo hacerlo, nuestra camioneta también.

Bill se acerca apresurado adonde estamos Mikaela y yo, nuevamente en nuestra postura de árbol.

—Muy bien —dice—. Nos vamos.

Piti y Wilson ya están en diferentes puntos en el agua, para dar instrucciones. Pero la pandilla no nos va a dejar ir así tan fácil. Nos presionan, exigiendo pago. Bill me dice que les diga que se alejen de la camioneta. Una vez que estemos en el agua, no podrá percatarse bien de dónde están, y si tropiezan o se caen podríamos atropellarlos.

Hago lo mejor posible por representar esa posibilidad homicida, y termino uniendo las manos en gesto de súplica. Se miran unos a otros, como decidiendo si van a obedecer o no las instrucciones del blanco. Está bien, asienten. Puede ser su única alternativa de obtener la propina que obviamente consideran que merecen.

—Levanten todo lo que haya en el piso, por si acaso se nos mete el agua a la cabina —ordena Bill, al encender el motor.

Caramba, tenía que decir justo eso.

—¿Y qué hay de los cinturones de seguridad? —pregunto aterrada.

—Yo no me lo pondría —responde Bill. Supongo que eso significa que yo tampoco debería.

—Muy bien, ¡aquí vamos!

Cuando la camioneta avanza de un empujón, dos manos pequeñas buscan mis manos desde el asiento de atrás. Las tomo y las
aprieto entre las mías.

—¡Reza por nosotros! —le grito a Mikaela. Sé, por nuestras con-
versaciones sobre religión, que Mikaela es católica practicante, de
sesgo radical por sus padres activistas, defensores de la teología de la
liberación. De niña, a Mikaela la llevaban a manifestaciones y a misas
al aire libre en los parques. La mitad de las veces ella no sabía bien si
asistía a unas u otras. Ella es la única en esta cabina cuyas plegarias
Dios no desestimará con el comentario: "¡Ah! ¡*Ahora* sí te acuerdas
de mí!".

Atravesamos el río en un estruendo de agua, y el motor ruge al
subir hacia la otra orilla, con el apoyo de las piedras que la pandilla
depositó allí. Mikaela y yo gritamos vítores, pero nuestra felicidad no
dura. La pandilla viene a toda prisa y cruza el río, exigiendo su parte
en lo que acaba de suceder y reclamando un pago.

Piti y Wilson se unen a nosotros. Mientras se ponen la ropa seca,
discutimos qué hacer con la pandilla. Parte del problema es que nos
hemos quedado sin efectivo. A menos de que podamos convertir una
papeleta de cien dólares en cambio o usar tarjeta de crédito, lo que
tenemos entre todos llega apenas a los doscientos pesos.

El dulce Piti trata de calmar a la encendida pandilla, pero Bill
los azuza más al negar con la cabeza. No va a pagarle nada a nadie,
fuera del tipo que conferenció con Piti. En determinado punto, miro
por mi cristal y veo a una mujer, que ni siquiera formaba parte de
la pandilla, con una piedra en la mano y un gesto amenazante
hacia mí.

—Estás empeorando las cosas —le espeto a Bill.

La multitud se calma cuando ven a Bill entregándole a Piti unas papeletas para darle al joven que nos ayudó. Bill le dice a Piti que tan pronto como entregue el dinero debe saltar a la camioneta para largarnos de allí. Pero antes de que Piti alcance a dar dos pasos, la pandilla se cierra alrededor de él. ¡No puedo verlo! Estos tipos están tan desesperados que son muy capaces de destrozarlo por míseros doscientos pesos, el equivalente de seis dólares.

Bajo de la camioneta, en otro de mis momentos de leona al rescate de su cría. Pero justo entonces, Piti logra escabullirse del grupo y corre hacia la camioneta.

—¡Súbete! —me grita Bill. Ni siquiera se me pasa por la mente hacer lo contrario. Me monto de un brinco, cierro de un portazo, al tiempo que Piti se trepa a la cama, y salimos volando, carretera abajo. Algunos de los hombres corren detrás nosotros pero finalmente se dan por vencidos.

Cuando ya nos hemos alejado un buen trecho, fuera de la vista de los agresores, nos detenemos para que Piti y Wilson puedan meterse a la cabina.

—Casi me arrancan la mano —relata Piti, aún agitado y con los ojos desmesuradamente abiertos por el miedo. El dinero nunca llegó a manos del tipo que nos ayudó.

—Deberíamos regresar —Sé que es una propuesta insensata, además de cobarde: poner a otros en la posición de ser los de corazón duro, negando mi amabilidad espontánea.

Lo que acaba de suceder, además de producirnos temor, nos despeja la cabeza. Nos atemoriza pensar que esta bien puede ser la historia que nos espera en los días siguientes, con finales mucho más violentos, a menos de que empecemos a resolver uno de los grandes problemas del mundo: la desigualdad en la distribución de bienes. Aquí, seis meses después del terremoto, con millones de dólares que se han comprometido y un ejército de gente con buenas intenciones desplegado en la zona, las soluciones a estos grandes problemas continúan eludiendo los mayores esfuerzos. Estas páginas siguen en blanco en muchos de nuestros cuadernos.

Ir o no ir a Port-au-Prince

Dejamos a Wilson en Bassin-Bleu, y luego comienza el encendido debate: proseguir hacia Port-au-Prince o volver por donde vinimos, por carreteras que ya conocemos. En realidad, Piti y Mikaela guardan silencio en el asiento de atrás, y somos Bill y yo los que discutimos qué hacer ahora.

No es por miedo que quiera retractarme de nuestros planes iniciales, pero sí me siento conmocionada por lo que nos acaba de suceder. No tenemos la menor idea de cómo serán las carreteras que llevan a Port-au-Prince. ¿Qué pasa si hay más ríos crecidos, más escenas con pandillas acosadoras? Quiero que pensemos bien en cada opción y que tomemos una decisión considerando todos los aspectos.

Bill hace un gesto.

—Ya lo pensé bien —dice.

—Ya sé que lo hiciste, pero ahora quiero que lo pensemos bien juntos.

—Bien, pensémoslo juntos. Yo creo que deberíamos seguir. ¿Qué opinan ustedes?

¿De verdad estoy casada con este sujeto? Si no hubiera dos personas dulces y jóvenes sentadas atrás, le echaría una buena sarta de insultos. En lugar de eso, me hierve la sangre de la ira que siento.

—Eso no es pensar juntos sino tomar la decisión antes de que empecemos.

Me giro hacia atrás.

—Siento mucho que tengan que presenciar todo esto.

Mikaela se ríe.

—No te preocupes. He viajado con mi familia —Supongo que es una verdad universal: las familias, y en especial las parejas, pelean cuando van de viaje.

Piti tiene alma de conciliador, pero también tiene el sesgo masculino, como lo vimos por su comentario machista la víspera de su boda. Ahora, señala que hemos encontrado varios autobuses procedentes de la capital que vienen atestados. Si las carreteras no se pudieran transitar, no estarían aquí.

—¿Pero estás seguro de que vienen de allá?

—Sí. Salen siete diariamente. Hemos pasado cinco ya.

Los ha estado contando.

Ese es el tipo de argumentos que yo buscaba. El temor a las carreteras bloqueadas queda acallado. El otro miedo es solo eso, miedo, y no una razón para cancelar el viaje. Puedo confesarme ese miedo a mí misma, pero no manifestarlo en voz alta a mi pareja con la que estoy peleando. Y consiste en lo siguiente: tras presenciar la desesperación de la gente en un lugar donde ni siquiera ha habido un terrible desastre natural, me preocupa lo que encontraremos en un sitio

donde las personas tienen todas las razones posibles para estar desesperadas.

—Entonces, ¿vamos o no? —Bill se ha salido de la carretera.

Miro por la ventana, demasiado molesta como para poder contes-
tar en ese momento. Estamos estacionados frente a un taller de nombre SOLUTION GARAGE, y más abajo está el EASY GO HOTEL, no hay por
qué complicarse la vida. Haití no solo me habla. Ahora me grita:
¡Crece! ¡Madura!

—Sí, vamos a hacer lo que tú quieres —pronuncio las palabras
con cuidado, como si cada una viniera empacada en envoltura de
burbujas y pudiera explotar al estar en contacto con otra.

Y entonces, una vez más el temerario Eichner le gana a la teme-
rosa Álvarez. Pero no es una paz fácil. Durante todo el camino a
Port-au-Prince, nuestro silencio es palpable, nuestra conversación se
dirige claramente al asiento de atrás. Me pregunto si esto seguirá sucediendo a medida que envejezcamos. ¿Será que mientras vayamos
dejando de lado nuestra vida profesional, y pasemos más tiempo juntos, descubriremos que nos iba bien como dos soledades paralelas
pero que no funcionamos tan bien como una unión perfecta? Hay
matrimonios que funcionan muy bien en ciertas etapas, y que luego
fracasan, como el de Homero. Eso me hace perder las esperanzas de
que Bill y yo podamos ser felices para siempre juntos.

Es en ese instante que veo a una mujer con una camiseta que
dice STOP BITCHING: START A REVOLUTION, "deja de quejarte: empieza
una revolución". A lo mejor haré exactamente eso. Dejaré todo atrás
y me vendré para Haití. Pero los tap-taps que pasan (JESUS IS MY LIFE,
DIEU SEUL MAITRE, AMOUR ET DISCIPLINE, FIDÉLITÉ DIEU) no hacen
sino recordarme que soy mala candidata para sacrificarme por completo. Si el paisaje que me habla tiene voto en todo esto, Haití no va
acogerme.

El GPS humano

L a carretera hacia el sur es definitivamente mejor que cualquiera por la que hayamos transitado. Pero me distraen las emociones que se desenvuelven en mi interior. Todo está teñido de vergüenza, vergüenza porque nosotros —¡qué nosotros!— porque yo esté actuando tan mal en medio de tanto sufrimiento.

Más allá de Saint-Marc, a medio camino hacia Port-au-Prince, miramos alrededor y por un momento no entendemos lo que vemos. Las faldas de las montañas están salpicadas de un color azul enfermizo y plástico, no del hermoso tono soñador de las puertas y ventanas en Moustique. Lentamente nos damos cuenta de que son lonas plásticas sostenidas por palos. Tan lejos de la capital ya se han establecido barrios temporales.

Al acercarnos a Port-au-Prince, nos atascamos en un embotellamiento tras otro. El tráfico en la capital siempre ha sido problemático y ahora con mayor razón, con tantas calles bloqueadas con escombros o con los camiones que los acarrean o por los enjambres de personas que no tienen adónde ir. No nos atrevemos a salir de la vía principal, pues no estamos seguros de que las calles secundarias aún lleven al lugar al que se supone que iban.

Por suerte, tenemos un número de teléfono al cual recurrir y también un destino. Justo antes de salir de Vermont, un buen amigo y fundador de una compañía de consultoría internacional nos dio los datos para contactar al hombre que ha estado a cargo de sus proyectos en Haití. Louis es estadounidense, más o menos de nuestra edad, y ha vivido en Port-au-Prince varios años, habla creole y su compañera es haitiana (creo que así fue como se refirió a Elsie). Debíamos contactarlo. Le agradecimos a nuestro amigo pero no hicimos grandes esfuerzos por lograrlo, pues estábamos dedicados a tener en regla todos los documentos a través de José Ortiz. Pero sí le mandamos un breve correo electrónico a Louis y él respondió.

Desafortunadamente, la semana en que nosotros estamos en Haití, Louis y Elsie se encuentran en República Dominicana, dándose un merecido descanso. Pero Louis nos da el teléfono de su hijo Adam, que ahora vive en Port-au-Prince, trabajando para la OEA.

Louis también estuvo dispuesto a satisfacer la petición de Bill de reservarnos una noche en el Hotel Oloffson. Bill ha querido alojarse allí desde que almorzó en la terraza del restaurante durante una breve estadía en Haití en 1983. El hotel, que parece una enorme casa blanca similar a una galleta decorada, quedó inmortalizado en *Los comediantes*, la novela de Graham Greene sobre el Haití de Duvalier. La trama tiene lugar en un Oloffson de ficción, donde se dan cita empresarios, periodistas bohemios, miembros de la CIA que se codean con políticos haitianos, artistas e intelectuales que se reúnen en busca de aires nuevos. Un sitio donde uno puede estar seguro de encontrar intriga, mujeres hermosas y tragos.

Hacer la reservación resulta ser una prueba más complicada de lo que nos imaginamos. Louis tiene que mandar a su chofer al hotel para asegurarse de que nos aparten dos habitaciones. Los teléfonos aún no funcionan bien, como lo sé por haber tratado de comunicarme desde Vermont. Louis nos advierte que la noche que planeamos pasar en el Oloffson, un jueves, es el día de la semana en que RAM tocará su música hasta la madrugada. Por mis investigaciones, reconozco el nombre de la banda que fundó Richard Morse, un haitiano-estadounidense y propietario actual del hotel. Su música es bastante ruidosa, agrega Louis. No le puse mucha mente a esta advertencia en Vermont.

Logramos devolver el favor al ayudarle a Louis y Elsie con su alojamiento en República Dominicana. Luego de pasar un día en la capital, planean viajar al interior. ¿Podríamos recomendarles un lugar para hospedarse? Pues sí, sí podemos. ¿Les gustaría quedarse en una finca de café? ¡Pero claro que sí! Y entonces, al mismo tiempo en que nosotros llegamos a Port-au-Prince, Elsie y Louis se instalan en Alta Gracia.

Cuando entramos a las afueras de la ciudad, llamo a Adam para que nos ayude a llegar al centro, al Oloffson. Tras breves saludos, propone que más bien vayamos hacia Pétionville, donde está ubicada su oficina y donde también vive. Desde allí puede llevarnos a través de la maraña de calles hasta el centro de la ciudad. Nos da una serie de instrucciones indicando hitos del paisaje y no nombres y señales de calles, que aquí siempre han escaseado y aún más ahora. Debemos llamarlo en veinte minutos y decirle por dónde vamos (me parece que está suponiendo, con razón, que probablemente nos equivocaremos de ruta y nos perderemos). Terminamos llamándolo media docena de veces, y cada vez nos vuelve a poner en el camino correcto. ¡Es un GPS humano! Empiezo a dudar de que Adam sea estadounidense, pues es algo que no abunda allá pero sí en los países menos acomodados.

Al final, llegamos a Pétionville, el sector privilegiado en las colinas que miran a Port-au-Prince, más pobre. La zona todavía conserva un aire de prosperidad, pero es como si las barreras divisorias hubieran caído. Pasamos junto a montañas de escombros, edificios devastados, una ciudad de carpas en un lote baldío, y también frente a boutiques costosas, galerías de moda y restaurantes caros.

El Planet Café está en ruinas. El letrero que anunciaba "multiservicios" reposa sobre losas de concreto. ¿Acaso quienes conducían los dos carros cuyos guardabarros asoman entre los escombros estaban disfrutando de esos servicios cuando los sorprendió el terremoto?

En un lote vacío que queda más adelante hay otro carro que fue extraído de los escombros. Se ve abollado, con la tapa del bonete abierta, y parece que no pudiera llevar a ninguna parte. Me desconcierta la sábana floreada que hace de cortina en la ventana trasera, hasta que la puerta de atrás se abre y surge un hombre. Es un hogar.

Hay algunos palos que aún se mantienen en pie y cuyos cables están enredados con docenas de pequeñas chichiguas caseras. Me pregunto qué habrá sido de los niños que las perdieron. ¿Todavía estarán vivos?

Al empezar a ascender por un cerro, una camioneta blanca con el logo de las Naciones Unidas nos alcanza. Hay tres soldados de pie en la parte trasera, vestidos con uniforme de camuflaje. Son notablemente guapos, bronceados y sexys con sus lentes oscuros y los uniformes bien ajustados, como actores en una película sobre el terremoto. Nos sonríen, y uno de ellos levanta los pulgares en señal de aprobación. Debe haber visto a Mikaela.

En lugar de hacernos correr el riesgo de perdernos al buscar su oficina, Adam nos indica que lo esperemos frente a un restaurante llamado Papaye, ubicado en la calle en la que estamos. Nos subimos a la calzada y miramos alrededor. Papaye parece que no hubiera pasado por el terremoto, salvo por la "e" que falta al final del nombre atornillado a la pared exterior.

Luego de horas de carretera, Mikaela y yo necesitamos un baño.

¿Nos permitirán entrar al del restaurante?, nos preguntamos. Dos mujeres desastradas. Vale la pena intentarlo.

Entramos, y este será uno de los choques más grandes: la enorme brecha entre la ciudad destruida, las endebles lonas, las masas de desplazados, y esta serie de pequeños salones mullidos, con luz tenue y manteles de lino blanco y copas brillantes. Bien podríamos haber entrado a un restaurante de moda en París o San Francisco. Es un lugar encantador y atractivo, pero debido a lo que lo rodea, nos sentimos en situación de riesgo incluso por usar el baño. Pero lo aprovechamos y luego salimos a toda prisa (antes de que nos echen fuera) a reportar lo que vimos.

Cuando llega Adam con su chofer, me quedo perpleja. Adam creció en Vermont, por lo cual imagino encontrarme con un chico pálido de ojos azules. Sin embargo, Adam parece haitiano, como uno de los hombres de piel clara que hemos estado viendo pasar por esta calle en sus jeepetas. Más adelante aprenderemos más de su historia. Louis, su padre, formaba parte de los Cuerpos de Paz en los años setenta en Níger, y allí se casó con una mujer tuareg, la mamá de Adam. El matrimonio no duró y Adam terminó creciendo con su padre en los Estados Unidos, de manera que él es y no es un estadounidense típico de la generación de menos de treinta años.

Las presentaciones son breves, con agradecimientos efusivos de nuestra parte. Nos subimos a nuestra camioneta y seguimos el carro de Adam hacia el centro de la ciudad. Como ya oscureció, nos libramos del impacto completo de la devastación. Pero podemos olerla: aguas negras y leña y piedras para cocinar y el concreto mezclado con aserrín y polvo de los lugares de construcción, o más bien de destrucción. Lentamente emergen siluetas de la oscuridad, grupos frente a las lonas y las carpas, mujeres alrededor de fogones, vasijas llenas de agua, gente en las calles, en las esquinas… masas de humanidad sobreviviendo.

Otros dos comediantes en el Oloffson

Al entrar en el Oloffson nos espera otro momento irreal. El lobby está iluminado y atestado de otro tipo de humanidad: la de éxito. Pequeños grupos que supongo están compuestos por periodistas pueblan las mesas, hablando por celular con computadoras portátiles abiertas. Muchos parecen extranjeros, o sea, son blancos (es curioso que la palabra extranjero en creole, *blan*, también signifique blanco). También hay una buena cantidad de haitianos, de todos los tonos de marrón, pues este es uno de esos lugares permeables de la ciudad, donde los extranjeros pueden entrar en contacto con los locales, con los que saben o pretenden saber.

Atravesamos el área del restaurante para llegar a la recepción y vemos a algunos miembros de la banda ya instalándose en el extremo de la terraza, haciendo pruebas de sonido. Uno de los músicos rasguea una guitarra, y el sonido que sale de las enormes bocinas hace vibrar el piso. ¿Cómo no van a atemorizarse los que quedaron traumatizados con el reciente terremoto?

En la recepción, la señorita hojea su libro de reservaciones y no encuentra ninguna a nuestro nombre. Adam se adelanta y resuelve el asunto con unas cuantas palabras en creole. Solo quedan dos habitaciones. El hotel se está llenando rápidamente. Resulta que en unos cuantos días se cumplen seis meses del terremoto, y la ciudad se está inundando de periodistas que vienen a ver cómo avanza la reconstrucción. Haití nuevamente es fuente de noticias.

Bill está presto a entregar su tarjeta de crédito, pero Adam sugiere que veamos las habitaciones primero.

Subimos pesadamente las escaleras tras el joven maletero, y dejamos a Piti en el lobby cuidando los bultos. A la primera habitación se llega tras recorrer un pasillo abierto. Se ve bastante agradable, con un abanico de techo, una cama antigua, un espejo de cuerpo entero, y persianas que se abren a un balcón que da al jardín de abajo. Pero cuando estamos por aceptarla, nos llegan los explosivos sonidos de las guitarras eléctricas y la batería a través del piso. Resulta que la banda tocará directamente debajo de esta habitación. Será por eso que a pesar de que la ciudad está atestada de periodistas, este cuarto sigue libre. Y RAM por lo general toca hasta las tres de la mañana.

Le hago un gesto de negativa al maletero. No nos satisface este cuarto.

Como si estuviéramos interconectados por un mecanismo de tira y afloja, Bill insiste en que nos quedemos. El ruido no puede ser tan terrible.

—Podemos cerrar todas las ventanas.

¡Genial! Nos mantendremos despiertos toda la noche ya no por el ruido sino por estar en un sauna.

Pero no es solo el problema del calor pues ni siquiera una habitación cerrada puede evitar que paredes y pisos retumben. Con las imágenes del terremoto que vi en televisión aún frescas en mi memoria, sé que estaré despierta la noche entera, pensando que se está repitiendo el temblor.

—¿Oíste eso? ¿Sentiste?

Sin embargo, Bill insiste en que no oyó ni sintió nada. Estoy tentada de preguntarles a Adam y a Mikaela si se dieron cuenta de algo. Pero ya estoy suficientemente avergonzada por estar discutiendo con Bill frente a ellos y al maletero que nos espera.

Dos adultos debían ser capaces de resolver este problemita.

—Salgamos al pasillo a hablar un momento. ¿Nos permiten? —Pero afuera, Bill tampoco quiere entrar en razón. Quiere quedarse en el Oloffson. Ha querido hospedarse aquí desde que almorzó en el restaurante hace veintisiete años.

—¿Pero no quieres dormir?

—Está bien, ESTÁ BIEN, tú ganas.

Inhalo profundamente. Ya me cansé de este acto de vodevil. En ese instante, tomo la decisión. Nos quedamos en el Oloffson. Mikaela y Adam están en la puerta.

—Lo siento —les digo—. Supongo que nos quedamos con esta habitación.

En esta pugna interviene Adam. Nos recuerda algo que mencionó su padre. Louis y Elsie y Adam rentan dos apartamentos en su residencial: uno para ellos y otro para alojar invitados o compañeros de trabajo que vienen del exterior. El otro apartamento está vacío en este momento, somos más que bienvenidos a quedarnos allí. Adam nos asegura que no es una obligación que le imponemos, sino que debemos verlo como un intercambio de casas. Su padre y Elsie se están quedando en Alta Gracia, así que sería apenas natural que nos quedáramos en su apartamento para huéspedes.

—Que Bill decida —digo, sabiendo que si acepto, hay serias probabilidades de que él se oponga.

—Sí, mientras podamos comer aquí —concede a regañadientes.

Bajamos las escaleras y le informamos a la recepcionista que no vamos a quedarnos con las habitaciones. Frente a nosotros, un huésped con acento británico explica que abandonará el hotel solo por esta noche, para poder dormir. Se vuelve, sacudiendo la cabeza.

—Adooooooro a Richard —anuncia, alargando la vocal intermedia como solo lo saben hacer los ingleses—, pero todo este asunto de la banda es una idea fatal.

¡Perfecto! Ese comentario me ahorra una docena de "te lo dije".

Así que, una vez más, seguimos a Adam a través del laberinto de giros y vueltas del centro de Port-au-Prince para continuar hacia Pétionville. ¡Pobrecito! En la novela de Graham Greene, los comediantes a los que se refiere el título son los charlatanes blancos, tan absortos en sus dramas personales que parecen no darse cuenta del régimen mortalmente despótico que los rodea. Me pregunto si Adam habrá leído la novela y piensa lo mismo que yo: que a pesar de que no acabamos alojándonos aquí, Bill y yo encajaríamos perfectamente con los demás comediantes de la versión que pinta Greene del Oloffson.

Hay cómo hacer dinero en las ruinas

Adam se detiene frente a un portón eléctrico que se abre; lo seguimos al pasar junto a varias edificaciones hasta una zona de estacionamiento sin más salidas. Este reparto residencial fue construido por una familia haitiana adinerada, para vivir en él, pero ahora solo usan uno de los edificios y alquilan los demás. Con los alquileres en Port-au-Prince que ahora rivalizan con los precios de Nueva York y Los Ángeles, la familia sería muy tonta si no aprovechara la demanda actual. Pero aún así, mientras circulamos entre un edificio y otro y otro, me asombra pensar que una sola familia viviera aquí una vez, aunque fuera una familia extensa.

Adam y su padre y Elsie viven en una de las edificaciones al fondo, en el piso más alto sobre el apartamento para huéspedes, que parece un palacio con su salón que se abre a una terraza trasera, una cocina y dos habitaciones cada una con su baño. Piti nos asegura que no le importa dormir en el sofá. Ahora nos confiesa que le da mucho gusto que no nos hubiéramos quedado en el Oloffson. Evoco la expresión humilde y sorprendida de su cara mientras esperábamos en un rincón del lobby con nuestro equipaje, un hombre joven sintiéndose humillado… ¿Humillado por qué? Siento curiosidad. ¿Qué fue lo que no le gustó del Oloffson?

Piti se encoge de hombros. No se sentía bienvenido allá. Mientras nos esperaba, la recepcionista, los maleteros y la gente que andaba por ahí ni lo miraba con amabilidad.

Me sorprende, porque Richard Morse y su banda se supone que son defensores del haitiano del común. Lo único que se me ocurre es que Piti no ha viajado mucho en su propio país, que nunca ha tenido contacto con haitianos de clases altas. Ha conocido dominicanos de clase alta en República Dominicana, pero tal vez da por hecho que en un país extranjero él puede sentirse de segunda clase. Entre su gente le debe doler sentir esa diferencia.

Invitamos a Adam a cenar con nosotros en el restaurante que nos recomiende. Escoge uno llamado Quartier Latin, donde los jueves en la noche toca un grupo cubano (parece que las noches de jueves son de música en Port-au-Prince). Seguimos su carro y nos vemos tragados por una multitud que se cierra a nuestro alrededor. Hay una especie de concierto al aire libre frente a uno de los barrios de carpas. La gente se ha tomado la calle para bailar y cantar. Agitan los brazos. Las caras nos miran. Manos golpetean la camioneta al ritmo de los tambores, pero también con impaciencia porque estamos perturbando su fiesta para poder pasar. Delante de nosotros, Adam va más lento para asegurarse de que lo seguimos.

Mi corazón late tan fuerte como los tambores. Estamos en medio de la escena que imaginé esta mañana cuando estuve tentada a cancelar el viaje a Port-au-Prince, rodeada de personas que tienen todas las razones del mundo para estar desesperadas.

Pero no sucede nada. Nadie nos saca de la camioneta para exigirnos que entreguemos la billetera con la amenaza de un cuchillo. Podría ser más bien el día de mercado en Dajabón, pero sin la escolta militar. Mis propias expectativas me dejan un poco sorprendida. ¿Qué imágenes he absorbido de los medios o de los libros (la violenta historia de Haití es una excelente lectura para luego tener pesadillas) que me han llevado a suponer que la pobreza y la desgracia siempre sacan lo peor de la gente?

En el Quartier Latin los vigilantes de la puerta nos niegan la entrada. El lugar está lleno hasta el tope. La ciudad es un hervidero de gente con dinero para gastar. Más tarde, Adam nos contará que hay diez mil ONGs desplegadas en la zona. Eso, sin contar con los siete mil soldados brasileños que están aquí con Naciones Unidas; trabajadores de ayuda humanitaria, periodistas, consultores, diplomáticos. Hay cómo hacer dinero entre las ruinas, proporcionando servicios para los extranjeros, muchos de los cuales tienen las mejores intenciones pero también están acostumbrados a cierto nivel de comodidades, de seguridad, de buena comida, internet confiable, diversión y entretenimiento.

Nos quedamos en la acera frente al Quartier Latin, discutiendo qué hacer ahora. Ya son pasadas las nueve. Si por mí fuera, yo volvería al apartamento, abriría una de las latas de vegetales, otra de garbanzos para saciar el hambre y luego irnos a dormir. Pero también estoy decidida a terminar esta noche con gracia y elegancia, por más que me cueste. Por unos instantes, me planteo la idea de inyectarle algo de humor a la situación al sugerir que vayamos de vuelta al Oloffson para cenar allí y luego bailar al ritmo de RAM hasta que salga el sol.

Adam sugiere un plan alterno. Hay un restaurante haitiano-libanés que cree que nos puede gustar, llamado Magdoos. El estacionamiento no queda lejos, frente a otro barrio de carpas. El ingreso, por un alto portón con vigilantes, es otro momento irreal, como lo fue entrar al Papaye en la tarde. Pero como Bill y Piti no tuvieron esa experiencia, este lugar resulta todo un choque para ellos. Las lámparas de cristal, los toldos de seda color carmesí que envuelven las mesas de afuera. El sitio está lleno de extranjeros, diplomáticos, empleados de

ONGs, consultores, la mayoría de los cuales se habrán ido para el momento en que terminemos de comer. Resulta que existe un toque de queda, a medianoche, que muchas organizaciones internacionales han pedido que respete su personal. Es una precaución de seguridad, nos explica Adam. Al fin y al cabo, esta es una ciudad en estado de sitio, sitiada por las consecuencias de un desastre natural y también por la constante arremetida de la pobreza.

De hecho, las fuerzas de la ONU han clasificado la ciudad en zonas, igual que como se hizo en Bagdad: hay una zona roja en el centro, donde se recomienda que no vayan los extranjeros; una zona amarilla, más residencial, donde se pide que sean precavidos; y por último una zona verde (donde estamos ahora, en los cerros de Pétionville), un lugar sin historial de problemas. Con todo, el primer secuestro de ciudadanos extranjeros luego del terremoto sucedió aquí, en Pétionville.

"No existen zonas 'seguras' en Haití", advierte el Departamento de Estado estadounidense en su sitio web. Y pasa a recomendar que, si no es esencial, no se viaje a ese país. No ir a Port-au-Prince a menos de que sea necesario. Lo cual es exactamente lo contrario de la decisión que tomamos esta mañana, al venir sin vernos obligados a hacerlo. Y me da gusto haber venido. Sí, lo admitiré incluso frente a mi amado, con el cual estoy teniendo problemas. Debemos afrontar nuestros miedos, vernos forzados a viajar al corazón de las tinieblas del fruto de nuestra imaginación. Y puede que nos sorprendamos por no tener que decir "¡El horror, el horror!" como Joseph Conrad, sino "¡La belleza, la belleza!", como Junot Díaz.

Estamos de suerte, pues acaba de desocuparse una mesa. El mesero nos guía a un patio al aire libre y nos entrega un menú de gran tamaño, que parece la carpeta de partituras de un coro. Por un instante, nos veo en una imagen absurda, todos de pie cantando el coro del "Aleluya".

Quedo en un extremo de la mesa con Piti, que mira el menú como si estuviera escrito en otro idioma. Puede ser que no sepa leer francés, o que los precios le parezcan escandalosos (la mayoría de los platos fuertes están entre veinticinco y treinta dólares). Con mi ayuda para traducir, se decide por un pescado frito, pensando quizás en lo que pidió Eseline el año pasado en Cap-Haïtien.

En el otro extremo, Bill y Mikaela y Adam están hablando sobre Haití, las frustraciones de la reconstrucción, los seis meses del terremoto que se conmemoran el lunes. Me alivia no tener que participar en la conversación, pues siento que en estos momentos no puedo confiar en mis reacciones ni mis instintos. Solo uno de mis impulsos me parece digno de seguir: ocuparme de que Piti no quede otra vez abandonado a la deriva como en el lobby del Oloffson.

—¡Qué diferencia con nuestra velada de anoche! —digo, pensando en los cantos y bailes en la diminuta habitación en Moustique.

Piti mueve la cabeza. Él tampoco puede dar crédito al paso de allá hasta acá.

—¿Y qué piensas hasta ahora de Port-au-Prince?

La expresión de Piti se hace seria, su frente se llena de arrugas. Es ese viejo que de vez en cuando asoma en su cara de niño, un anticipo de lo que será cuando tenga mi edad.

—Pobre Haití, necesita tanta ayuda —dice suspirando—. Si yo tuviera dinero, ayudaría.

Me pregunto si sabe que la mayor parte de los que están cenando en Magdoos a nuestro alrededor vinieron a Haití con la misma idea: ayudar.

Terminamos de cenar y nos queda media hora antes del toque de queda a la medianoche. Camino de vuelta al conjunto residencial, Adam nos lleva hasta el consulado dominicano, para mostrarnos la ruta a seguir y que podamos llegar mañana por nuestro lado. Al despedirnos de él y darles las buenas noches a Piti y Mikaela, me preparo. Será la primera vez que estoy sola con Bill luego de un día entero de peleas. En la cena, estaba conversando muy contento y efusivo, feliz de estar al fin entre amigos, comiendo bien y anticipando un buen descanso nocturno. Y yo con ganas de decirles a todos: "¿Ven? ¿Ven lo que pasa por no habernos quedado en el Oloffson?".

Pero ninguno de los dos tiene energía para hacer recriminaciones o decir "te lo dije". Más aún, la intrepidez gastronómica de Bill al lanzarse a comer de la carne misteriosa anoche en Moustique le provocó molestias estomacales. Admite que no se ha sentido muy bien hoy.

—¿Te importa si me encierro en el baño un rato? —Niego con la cabeza, sintiéndome mal de pensar que este hombre, al cual estaba a punto de dejar para siempre, se me pueda morir por intoxicación.

—Tengo Pepto-Bismol en la bolsita que está junto al lavamanos, si lo necesitas.

La puerta del baño se cierra. Me siento en el borde de la cama y respiro hondo. Meditaría un rato si creyera que podía ayudarme, pero ¿para qué? Sin importar lo que suceda, siempre vuelvo a este yo mío con sus defectos. Cuando Bill finalmente sale y se mete a la cama a mi lado, me acurruco siguiendo la curva de su cuerpo y escucho su respiración un buen rato antes de quedarme dormida yo también.

9 de julio, Port-au-Prince: lo que vinimos a ver

Desayuno en la pastelería Marie Beliard

El sol entra radiante por el ventanal, ¡y hace tan poco que por fin me dormí! Mientras me voy despertando, oigo un rasgueo suave que llega a través de la puerta cerrada. Es Piti, tocando su guitarra.

La trajo a Haití con la idea de dejarla para el día en que vuelva a casa para quedarse. Pero una vez en Moustique, cambió de opinión. La guitarra será vital para alegrarse el día a día en los largos y solitarios meses sin Eseline y la bebé. En este momento, oyéndolo tocar, me pregunto si necesita hacerlo para sobrevivir al día que tiene por delante, preparándose para más de lo que vimos ayer.

Estamos ansiosos por partir, pensando que encontraremos algún lugar abierto para desayunar. Adam pasa a despedirse y nos cuenta que hay una pastelería francesa muy buena, llamada Marie Beliard, de camino al consulado dominicano. "De camino a" es una de esas frases resbalosas de las que he aprendido a desconfiar en Haití. Pero Adam, que hasta ahora no nos ha fallado (y no fue su culpa que el Quartier Latin estuviera lleno anoche), tiene razón de nuevo. Camino al consulado doblamos a la izquierda, recorremos cerca de una cuadra, y ahí está, un local con un gran ventanal y un estacionamiento que no está invadido de escombros.

Es la hora del desayuno y el sitio está repleto. Nos quedamos de pie, tratando de descifrar el sistema de pedido. Una desconcertada mujer de cuarenta y tantos ofrece ayudar en un inglés con un leve acento francés. Me recuerda a otras mujeres que he visto en cafeterías en el Upper East Side de Manhattan, tan arregladas (sus zapatos de tacón hacen juego con sus carteras), y uno queda sorprendido al enterarse de que la razón para vestirse así no es más que esta salida.

Madame nos explica que debemos tomar un número de un dispensador de turnos que hay en un extremo del mostrador; luego, esperar a que aparezca en una pantalla; después hacer el pedido a quien nos atienda, que lo escribe en un papel y nos lo entrega; tras lo cual, debemos ir con la multitud que se aglomera alrededor de la caja registradora; pagar el pedido; que nos sellen el papelito; después volver con la multitud inicial, donde debemos tratar de atraer la atención de la muchacha que nos atendió; entregarle el papelito sellado;

y esperar a que nos entregue el pedido. De solo oír todo el procedimiento, quedo exhausta.

Pero el sistema parece estar funcionando: la gente recibe sus fundas y cajas y sale por la puerta, entre ellos la ilustre dama que nos guía. Mientras tanto, esperamos y esperamos y esperamos. Incluso personas que tenían turnos posteriores al nuestro ya se han ido. Me pregunto si aquí pasa lo mismo que en la gasolinera de Ennery: ¿los *blans* de últimos? Dan las nueve, ¡llevamos más de una hora esperando! Salgo a darle a Piti un reporte de nuestro progreso, aunque debería ser más bien de nuestro retroceso.

Al volver a entrar, otro angloparlante, un hombre llamado Junior, nos oye refunfuñar y pregunta qué nos sucede. Cuando le explicamos, él se encarga de que nos atiendan y luego empieza a contarnos su historia. Resulta que vive en Miami con su esposa e hijos, pero viaja mucho a Haití donde tiene negocios. ¿Qué tipo de negocios?

—Fabrico hielo para vender a los restaurantes, hoteles, tiendas de comestibles.

Mi siguiente pregunta es una que con seguridad le hacen a todos en Port-au-Prince:

—¿Estaba aquí cuando el terremoto?

La expresión de Junior se ensombrece. Asiente despacio. Sí, estaba aquí.

—La tierra se volvió mar —Se mece como reviviendo esos momentos. Se las arregló para escapar, pero fue una locura total: las calles llenas de gente frenética, el polvo, los gritos. A medida que habla, la gente a nuestro alrededor calla. Aunque esté haciendo su relato en inglés, los demás saben que está hablando de *goudou goudou*, el nombre onomatopéyico que los haitianos le han dado al terremoto, que imita el sonido del suelo moviéndose y las edificaciones que se desmoronan.

Junior debe creer que somos misioneros o trabajadores de ayuda humanitaria porque, al salir, nos agradece que hayamos venido a Haití.

Me avergüenza llevarnos el crédito de algo que no estamos haciendo. De la misma manera, me parece de una terrible frialdad, y no muy exacto, decir que no vinimos a ayudar.

—Estamos aquí para ver —le explico.

Me mira a los ojos, y me preparo para un regaño moral. Pero lo que dice me sorprende:

—Haití necesita que la gente venga y vea.

—Es como nuestro 11 de septiembre —comenta Bill cuando finalmente salimos de la *pâtisserie,* con tres sándwiches y una *baguette* a medio comer (porque nos la entregaron primero que el resto del pedido)—. Todos quieren contar dónde estaban cuando sucedió.

Sin embargo, el terremoto de Haití fue una verdadera catástrofe. Murieron muchas más personas que en el horrible terremoto del Japón que fue seguido por un tsunami. Pero ¿por qué comparar tragedias? El sufrimiento sigue siendo sufrimiento y no se hace menos intenso porque se divida entre menos muertos.

Entonces, cuando el sufrimiento alcanza una escala colosal, parece que el mundo entero hubiera sido destruido y no solo el rincón que uno habita. ¿Acaso fue Haití, y no solo los haitianos, lo que murió en el terremoto? Es una pregunta desgarradora, a la que luego me veré enfrentada en la introducción que escribió Amy Wilentz para la nueva edición de *The Rainy Season* (La temporada de lluvias): "¿Haití está todavía ahí?… ¿Cuántas personas pueden morir en un suceso dado sin llegar a destruir la identidad nacional?… ¿Un país es un mapa, como solemos creer? ¿Qué sucede entonces si ese mapa se borra?".

El lápiz de Dios no tiene borrador

Estacionamos al otro lado de la calle frente al consulado, una edificación de dos pisos que se ve intacta: no hay grietas en las paredes ni montón de escombros en el patio. Una bandera dominicana pende de un asta en el techo. No tiene que ondear en forma chovinista sobre la ciudad destruida.

Mientras nos bajamos de la camioneta, un carro negro se detiene a la entrada y de su asiento trasero desciende una oficiosa mujer de treinta y tantos años con carácter muy decidido. Eso se ve desde lejos: hay algo de enojo en su expresión, algo abultado en su bolso, un impulso de más al cerrar la puerta del carro. Me veo rogando porque no trabaje en la sección de visas.

Los funcionarios del consulado se ven ocupados cuando entramos. En un largo mostrador, los empleados están poniendo los sellos de visa en los pasaportes y apilándolos en torrecitas en un extremo. El negocio ha estado movido: hay mucha gente que quiere ir al país vecino y esperar allí a que pase la devastación.

Desde un escritorio cerca a la puerta, un joven dominicano pregunta si puede ayudarnos.

—Venimos a ver a Ruth Castro —le digo. Es el nombre que el señor Ortiz me dio por teléfono. Ruth Castro, en el consulado, nos recibiría para ayudarnos a resolver el problema de visa de Piti—. Nos está esperando —añado, con la esperanza de acelerar las cosas.

—Querrá decir Ruffy Castor —me corrige el joven, y me mira con recelo. Hasta aquí llegamos, si pretendíamos pasar por conocidos de ella.

El tipo nos mira: a mí, a Bill, a Piti. Pero luego, sus ojos caen en Mikaela, y es evidente que queda prendado. Daniel se presenta y nos asedia con preguntas ansiosas. ¿Qué hacemos en Haití? ¿Cuándo regresamos a República Dominicana? Él se va para Santo Domingo a pasar el fin de semana esta misma tarde. ¿Habrá alguna posibilidad de que nos veamos allá, donde nosotros queramos? Mikaela me mira, y sé que ambas estamos preguntándonos lo mismo: si este es el mejor momento para contarle a Daniel que pasado mañana ella abordará un vuelo muy temprano camino a Washington, DC.

En ese momento, hay una ráfaga de actividad en el pasillo: una mujer se acerca y su avance se interrumpe por solicitudes de una firma, una respuesta a preguntas, una solución para un problema. Esta debe ser Ruffy Castor, a quien Daniel acaba de llamar. El ánimo se me cae al piso. Es precisamente la mujer que esperaba que no tuviera nada que ver con nosotros. Incluso sin su gran bolso o la puerta de un carro para cerrarla de un golpe, se ve enojada. ¡Quién sabe qué le habrá dicho José Ortiz sobre nosotros!

—¿En qué les puedo ayudar? —pregunta Ruffy Castor, una vez que nos hemos presentado. ¿Acaso no sabe? Me pregunto si José Ortiz finalmente la llamó o no.

Tímidamente explico que necesitamos una visa para Piti, pues la que tenía expiró ya hace un tiempo. Una vez más, espero un regaño, pero Ruffy va directo al punto.

—Déjeme ver su pasaporte —le pide a Piti. Rápidamente lo revisa, pregunta si quiere la visa por tres meses o por un año, recibe la cuota de doscientos dólares que cuesta la que es válida por un año, pone el dinero dentro del pasaporte, y le entrega el paquete a uno de los empleados para que se ocupe del asunto—. Tomará unos cuantos minutos —explica. Mientras tanto, nos invita a esperar en su oficina.

¿Y eso es todo? Quedamos impresionados. ¡Hay que contratar a esta mujer para que maneje la pastelería Marie Beliard!

Seguimos a Ruffy por el pasillo y nos metemos en una oficina minúscula (así que tal vez ella no es tan importante como pensé en un principio), con dos asientos apretujados del otro lado de su gran escritorio abarrotado de papeles. Bill y yo nos sentamos, y Mikaela y Piti se quedan de pie detrás. Una vez que estamos todos dentro, Ruffy cierra la puerta y enciende el aire acondicionado, que suena como matraca. Es el pequeño lujo que puede ofrecernos, además de sentarnos.

Cuando le preguntamos cuánto lleva en Haití, se lanza a contarnos su historia del terremoto. Estaba aquí, precisamente en esta oficina. Era poco antes de las cinco de la tarde. Estaba pensando ya en salir hacia su casa para ver a su esposo y a su bebé de seis meses cuando empezó el movimiento. Corrió a la calle para encontrarse con el mundo destruido. Lo único en lo que pudo pensar fue en su marido y el bebé. ¿Estarían vivos? ¿Heridos? Trató de comunicarse por celular, pero no había señal, obviamente. ¡La angustia que sintió en el camino a casa fue grande! Le tomó dos horas llegar a pie a su apartamento, y por todo el camino vio escenas que iban aumentando su terror. Afortunadamente, su esposo y el bebé estaban a salvo. El edificio había resistido entre los escombros que lo rodeaban.

Se oye golpear a la puerta de Ruffy: la visa de Piti está lista. Bill le pregunta a Ruffy si habrá alguien en el consulado a quien podamos contratar para darnos un tour de la ciudad. Resulta que hay un policía haitiano asignado al consulado, Leonard, y ella con mucho gusto nos lo "presta". Al despedirnos, nos abrazamos. Al pensar en mi impresión inicial de Ruffy, me pregunto si la juzgué erróneamente o si por haber escuchado su historia hemos podido acercarnos a su lado más cálido y solidario.

Antes de seguir a nuestra visita de la ciudad con Leonard, nos detenemos en la embajada dominicana, a unas cuantas cuadras. El embajador Silié está en un congreso en República Dominicana, pero José Ortiz sale de su oficina a saludarnos. Es un hombre bajo y delgado, con ojos oscuros y expresivos, tan cortés y gentil como Ruffy, aunque un poco desconfiado al principio, y con razón. Todas las veces que lo hemos buscado antes, se ha debido a que tenemos problemas.

Pero esta vez venimos con buenas noticias: el asunto de la visa de Piti está resuelto. Y sí, estaremos en la frontera, en el cruce del sur, antes de las cinco esta tarde. José Ortiz nos explica que la carretera es buena, y que llegar nos tomará apenas dos horas desde Port-au-Prince. El supervisor en la frontera estará esperándonos para facilitarnos la salida.

Nuevamente, otra ronda de agradecimientos de nuestra parte.

Le pregunto por su salud. Se ve en excelente forma pero, desde el terremoto, ha sufrido de ansiedad, explica. Al empezar a relatarnos la historia de esa tarde en enero pasado, su expresión se hace tensa. Estaba todavía en el trabajo cuando sucedió el terremoto, y a pesar de que la embajada en sí no colapsó, el hospital infantil vecino cayó sobre la parte del edificio donde estaba su oficina. Quedó atrapado dentro, a salvo pero sin saber si en cualquier momento, a causa de una réplica, el techo se vendría abajo, sepultándolo. Era como estar enterrado vivo, explica. Lo peor era oír a los niños que gritaban pidiendo ayuda y no poder hacer nada por ellos, ni por sí mismo. Finalmente lo rescataron, pero la experiencia se repite en su mente una y otra vez.

Salimos de la embajada en silencio, sacudidos por el relato de José. Meses más tarde, aún preocupada por lo que nos contó, le escribiré un correo electrónico para preguntarle si sabe qué fue de los niños. Desafortunadamente, no lo sabe. En lugar de eso, me describe otra imagen impresionante: los padres angustiados que corren hacia el hospital para sacar a sus hijos de entre los escombros. Unos cuantos salieron de allí en camillas hacia puestos médicos provisionales que iban brotando en toda la ciudad. Pero José no sabe si esos se salvaron o no.

Una vez en la camioneta, Leonard, nuestro guía, empieza a narrarnos su propia historia. Esa tarde de enero, estaba en la bomba donde normalmente espera la guagua que lo lleva a casa al final del día. Lo primero que oyó fue un extraño sonido, como un graznido, semejante a un cable de la luz que hace corto circuito. Después, lo sintió: la tierra ondulaba bajo sus pies. Le costó mantener el equilibrio. Leonard repite el graznido otra vez, y otra y otra, hasta que al fin entiendo por qué la gente llama *goudou goudou* al terremoto.

—¿Qué quieren ver? —nos pregunta tras terminar su relato. Estamos en la avenida Panamericana, en dirección al centro de la ciudad.

No tengo idea de qué decirle. En realidad, el simple hecho de escoger algo me avergüenza. Veamos… ¿Qué escena de destrucción y sufrimiento será? Como si estuviéramos pidiendo el almuerzo a la carta en el Oloffson.

Bill quiere ver el palacio presidencial, la enorme estructura blanca que colapsó, sus tres cúpulas derrumbadas. Lo he visto mil veces en imágenes de noticieros. Es difícil sentir tristeza genuina por la destrucción de un edificio que ha alojado a tantos sinvergüenzas y funcionarios públicos interesados en su propio beneficio. Pero también es el orgulloso monumento de un país pobre. Más vale andar con prudencia y olvidarse de juzgar a los demás.

El palacio es una buena opción, asiente Leonard. Frente a este hay un gran campamento. Mientras nos indica el camino hacia el centro, su celular timbra. Está ocupado ahora, le dice al que llama. Pero puede verse con esa persona más tarde. Al bajarse de la camioneta, nos explica que era un periodista. Cada vez que vienen, lo llaman. En enero y en febrero hubo muchas llamadas semejantes, y después empezaron a escasear. Pero ahora, cuando se cumplen los seis meses del desastre, los periodistas están de regreso.

—Sé qué mostrarles —dice Leonard—, y además ofrezco protección –caigo en cuenta de que es un policía; su revólver asoma a la altura de su cadera, en su estuche. Un Virgilio armado que nos guía por la ciudad en ruinas.

Entramos a la zona del centro, llenos de ambivalencia, sin saber si debemos mirar o no mirar. ¿Cuál es la manera respetuosa de internarse en estas escenas de devastación? Vinimos a ver y, según Junior, Haití necesita ser vista. Pero hay cierta sensación desagradable en pasear por lugares donde la gente ha sufrido y sigue sufriendo. Uno se dice que está aquí por solidaridad. Que lo que está viendo lo transformará. Pero al final, uno procesa todo y sigue sintiendo vergüenza, o por lo menos eso es lo que me sucede. Uno no ha hecho nada para mejorar las cosas. Turismo de desastre natural, eso es lo que parece.

Pero si eso es todo, los medios ya nos han traído aquí sin necesidad de dejar nuestros hogares. Todo lo que vemos nos da una sensa-

ción de *déjà vu*: el palacio aplastado como si un gigante se hubiera
sentado encima; los barrios de carpas, donde la gente se hacina en
la miseria porque no tiene más adónde ir; los niños de mirada apá-
tica que asoman bajo las carpas; las mujeres que se bañan a la vista
de todos, que bañan a sus hijos, que lavan la ropa, que cocinan en
las aceras, revolviendo una hilera de ollas hirvientes, con humo que
se levanta.

Entonces, ¿qué es lo que busca el ojo y que el corazón añora?

Un aleteo, algo que susurre esperanza. De un muro exterior
cuelga un vestido de noche rojo a la venta. ¡Es increíble pensar que
habrá fiestas de nuevo! Un niño en su uniforme escolar pasa al lado,
aferrado a las correas de su mochila. Lo cotidiano del momento es
como una bendición.

En otra acera han instalado una librería improvisada con los títu-
los tendidos sobre una pila de escombros. Las opciones son escasas:
filosofía bantú, una biografía de Walt Disney, un tomo con 150 con-
centraciones de estudio para la universidad. Es increíble: ¡habrá personas leyendo otra vez! Los estudiantes universitarios volverán a

dedicarse a temas populares, y entre ellos figurará algún estudiante extraño que lea sobre Disney o los bantúes.

Frente a un local cerrado con candado, dos mujeres jóvenes venden ramos de rosas plásticas, azules y blancas, rojas y anaranjadas, envueltas en plástico. Alguien las comprará para el cumpleaños

de su novia, para el bautizo de su ahijado, para el altar de la iglesia. Nuevamente habrá ocasiones que requieran de una puntuación floral.

Son casi las doce del mediodía: un colegio de niñas está terminando clases. Las futuras mujeres de Haití salen a las calles vestidas con falda de ese bonito color azul cielo y con blusa amarilla y lazos amarillos en el pelo. Las madres han vuelto a peinar a sus hijas con lazos en el pelo.

Mientras tanto, los tap-taps pasan, invitándonos a amar a Dios, a amarnos unos a otros, a ser agradecidos, a agradecer a nuestras madres, a recordar que todo es posible. Parece un pequeño milagro que aún podamos decirnos esas cosas aquí.

Hay un refrán en creole: el lápiz de Dios no tiene borrador. Siempre he pensado que significaba que Dios no necesitaba borrar. Que no se equivoca, que su creación es perfecta. Pero ahora lo entiendo de manera más fatalista. No hay manera de borrar ni de escapar de la implacable marcha de los acontecimientos. Y cuando esa marcha

atropella a nuestros seres queridos o altera por completo el entorno que nos rodea (ya sea en Haití, Chile, Nueva Zelanda, Japón o en los propios Estados Unidos), uno hace lo que tiene que hacer: llora, entierra a sus muertos, se levanta al día siguiente y cocina para los que aún están con vida, trenza cabelleras, canta canciones, cuenta historias. De alguna manera se sale adelante. En cuanto al resto de nosotros, observamos, escuchamos, tratamos de ayudar, incluso cuando parece que no podemos hacer nada.

Lo único que no podemos hacer es darnos la vuelta como si nada. Porque nuestra humanidad tampoco tiene la opción de borrar. Cuando sucede algo, tiene una obligación. Ver y permitir que lo que vemos nos transforme.

Más tarde le preguntaré a Bill por qué quería ir a Port-au-Prince. ¿No se sentía un poco como un automovilista que se detiene para observar los detalles de un accidente?

—Me sentiría así si hubiera ido solo. Pero ahora tenemos a Piti. Era importante que él lo viera y que nosotros estuviéramos con él en ese momento.

(Sí, estimado lector, este es el mismo hombre que insistía en alojarse en el Oloffson. A veces se me olvida que, cuando uno ama a una persona, obtiene todas las partes —buenas y malas— que forman el conjunto total).

Periódicamente, mientras vamos de un lado a otro, volteo a mirar a Piti y Mikaela. Ambos tienen mirada perpleja, asombrada ante la magnitud de la devastación. La cara de Piti es la del hombre mayor y serio que aparece cada vez más a menudo. Pero cada tanto, cuando señalo el traje rojo, cuando bromeo diciendo que algún día una de esas niñas en uniforme escolar con lazos amarillos en el pelo será Ludy, se le ilumina el rostro, la cara de ese niño sonriente de tiempo atrás con su chichigua que estaba preparando para volar.

A él también lo está transformando lo que ve. En los meses siguientes a este viaje a Port-au-Prince, Piti reactivará el grupo de apoyo que Eli ayudó a fundar, para haitianos que trabajaran en Alta Gracia y alrededores. Piti lo va a llamar CJM, *Cooperative des Jeunes de Moustique*, la Cooperativa de Jóvenes de Moustique, y redefinirá su misión para pasar de ser una simple forma de apoyarse unos a otros a convertirse en un esfuerzo conjunto por el futuro de Haití. La Cooperativa elegirá a Piti como presidente. De peón a capataz a presidente de CJM. Las bendiciones del Señor le llueven, como me dice Piti, por alguna razón, y él espera averiguarla.

Pero hay algo que sí sabe: Haití no ha sido borrado. Está vivo en su imaginación y en la nuestra. Haití es lo que no puede ser borrado en el ser humano, ni con la esclavitud, ni con siglos de explotación y malos manejos, invasiones, terremotos, huracanes, cólera. Encarna esas habilidades tan poco valoradas y tan valiosas que necesitaremos para sobrevivir en este planeta que paulatinamente se va agotando: resistencia, cómo vivir con menos, cómo ahorrar al compartir, cómo hacer un pacto de esperanza cuando uno se encuentra en el infierno. El poeta Philip Booth escribió "el camino que sigas es el lugar al que llegarás". La manera en que reaccionemos ante Haití es quizás más crucial de lo que imaginamos: un adelanto del punto al que probablemente vayamos a parar como familia humana.

Una última habilidad que necesitamos para sobrevivir

Tras dos horas de pasear por la ciudad, Leonard nos lleva hacia la carretera que nos conducirá lejos de Port-au-Prince, camino de la frontera. Él se baja en ese punto y tomará un mototaxi para llegar a su reunión con el periodista.

¿Cómo soporta hacer esto una vez más? Leonard se encoge de hombros. En realidad, le da gracias a Dios por los ingresos extras que está ganando. Ha podido ayudar a su familia y a sus amigos a reconstruir sus vidas. Hay dinero por hacer entre las ruinas de la ciudad, y no solo en los restaurantes y hoteles de lujo. Y no todo ese dinero va a ir a forrar un bolsillo lleno, sino que una parte ayudará a llenar un estómago vacío.

Al alejarnos del centro de la ciudad, le recuerdo a Bill el almuerzo.

—¿En el Oloffson? —pregunto, sin rodeos. Todo resentimiento de mi parte ha desaparecido. Lo que queda es un enorme cansancio ya conocido, por las maneras en las que seguimos defraudándonos el uno al otro.

—No tengo hambre —murmura. Me doy cuenta de que también se siente castigado por lo que ha visto.

La carretera a la frontera avanza sin tropiezos. Es la principal arteria entre los dos países, la que los políticos usan cuando son derrocados y el aeropuerto Toussaint L'Ouverture está cerrado; la carretera que recorren los grandes camiones que traen mercancías de República Dominicana y regresan con trabajadores haitianos indocumentados; el camino que cuatro viajeros cansados y abrumados toman para volver a casa, todos demasiado impactados como para poder conversar.

Al marcharnos de Haití, miro por la ventana, y allí, junto a una ladera excavada, dos losas de piedra se elevan en medio de un montón de escombros, como manos unidas en plegaria. Haití todavía me habla. Me había olvidado de nuestra conversación.

Para cuando atravesamos la frontera, está anocheciendo. El trayecto hasta Santiago desde esta entrada del sur es largo, así que decidimos pasar la noche en un pequeño hotel de la costa. A la hora de cenar, Bill le pide a Piti que toque alguna canción para nosotros y las demás personas en el restaurante. Estamos impresionados por el día en Port-au-Prince, esperamos repetir la mágica noche de Moustique.

Pero nada sucede, cosa que me sorprende. Uno pensaría que los cantos religiosos de Piti les agradarían a los dieciocho misioneros sentados ante una larga mesa en el centro del restaurante. Acaban de llegar de un pueblecito de Georgia para hacer reparaciones en una iglesia de la frontera que construyeron seis años atrás. Nadie voltea su silla para mirar. Nadie se une a la canción. Nadie se pone de pie para bailar.

Me brota la esperanza de que si no está sucediendo aquí, sí esté sucediendo en Haití. Que haya otro concierto gratuito frente a alguno de los barrios de carpas. Que alguien se ponga aquel vestido rojo y baile al ritmo de alguna banda famosa, quizás de RAM. Que haya de nuevo canto y baile, incluso si eso impide que alguien duerma o provoca una pelea.

De vuelta en nuestra habitación, Bill y yo nos preparamos para ir a la cama. Por la ventana abierta nos llega el ruido de las olas al romper en los acantilados, un sonido que siempre me recuerda el poema "Dover's Beach" de Matthew Arnold, que me gustaba tanto en la universidad que me lo aprendí de memoria y todavía lo puedo recitar. En el poema, un hombre escucha el mar en la noche y una oleada de desesperanza lo invade. No oye nada más que "el ir y venir de la miseria humana" en su rugido. El mundo se asemeja a una oscura planicie sin dicha, ni certeza, ni alivio para el dolor. En los versos finales, abrumado por una visión apocalíptica que bien puede ser una de las más sombrías de la poesía en lengua inglesa, llama a su amada a la ventana. "Amor, seamos fieles el uno al otro", le suplica. Eso es algo que sí pueden prometerse entre sí.

—¿Te sientes mejor? —pregunto titubeando, porque es y no es la pregunta que quiero hacerle.

—Mucho mejor, sobre todo después de esa comida.

Cualquier otro intento de sanar heridas parece prematuro. Y por eso, al no saber qué decir, digo demasiado:

—¿Te casarías conmigo otra vez si tuvieras que empezar todo de nuevo?

Bill se gira para mirarme, con expresión de enojo, como si hubiera hecho la pregunta más tonta del mundo.

—¿Qué quieres decir? Si tú eres mi vida.

Casi me brotan las lágrimas de gratitud con él, por ser capaz de verme con tanta claridad y a pesar de todo seguirme amando… una última habilidad que necesitamos para sobrevivir… una habilidad que estoy tratando de aprender.

—¡Pero a veces es tan difícil!

—¡No, no tanto! —declara Bill. Y esta vez me alegra tanto su terca certeza que no abro la boca. Sobre esta roca he edificado mi matrimonio.

De vuelta en su habitación, Piti rasguea su guitarra. Me pregunto si extraña a Eseline y a Ludy hoy, su primera noche lejos de Haití.

No tiene manera de saber que en un mes estarán de regreso, tras cruzar la frontera con Wilson. Eseline estará sintiéndose bien, feliz

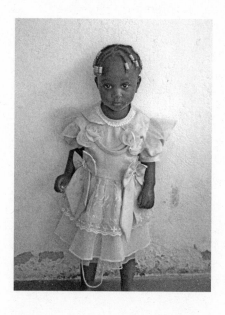

de volver a su casita con su esposo. Al mismo tiempo, Ludy caminará, tratando de agarrar todo lo que tenga a mano para llevárselo a la boca (ay, Dios, ¿cómo hacer que una humilde casita sea a prueba de bebés?). También hablará como una cotorra, diciendo *ma-ma, papa*, pronunciando esas sílabas sin sentido que suenan horriblemente parecidas a *goudou, goudou*, pero que se refieren más bien a las maravillas que ve y que está aprendiendo a nombrar en este mundo.